LUZ EN TINIEBLAS

Por Iván Aquino L.

Agradecimiento y dedicatoria

Le agradezco el apoyo que me ha dado para la creación de esta obra literaria a mi madre Laura López Miranda y a mi hermana Yadira Aquino L. por su colaboración en la fotografía.

Mil gracias por creer en mí.

Dedico este libro a mi familia y al mundo entero.

Luz en tinieblas

Primera edición, 2016

D.R. © Iván Aquino L, 2012

ISBN   978-607-00-9866-6

Índice

Prólogo

Esta obra literaria es una colección de varios temas en general, ya que contiene: poesías, poemas, relatos, cuentos, reflexiones, y microrrelatos. Los textos que contiene el libro Luz en tinieblas, ha sido una inspiración de la oscura visión de la vida y de la luz que debe iluminar la esperanza.

"La luz te hará ver la belleza de la vida, las tinieblas el lado siniestro, de lo que llamamos oscuridad".

Amor así mismo

Me tengo amor así mismo,
porque no fumo cigarros,
para no dañar mis pulmones.

Me tengo amor así mismo,
porque no consumo alcohol,
para no dañar mi hígado.

Me tengo amor así mismo,
porque no tomo drogas,
para no dañar mi cerebro,
ni mis órganos internos.

Me tengo amor así mismo,
porque me cuido mucho,
al salir a la calle.

Me tengo amor así mismo,
porque me baño, me arreglo,
y me tomo fotografías,
para verme lo lindo que estoy.

Me tengo amor así mismo,
porque me valoro mucho,
y me respeto así mismo.

Amor Ciber

Tecleando para poder sentir
tu presencia, las fronteras
separan el amor, las letras
enamoran el ser;
mientras beso por las noches
delicadamente, tu fotografía
del Internet.

Amor y amistad

La pasión del amor, nutre el alma y la purifica, la amistad es la realidad que nos motiva en nuestra vida social. El amor es la medicina que cura la humanidad, y la amistad verdadera nos guía en nuestro camino iluminado.

El amor y la amistad es un cuadro de lujo que debemos recordar siempre en nuestra existencia.

Ave

Los años pasan sin pensarlo,
la sociedad camina por las calles,
los niños tienen hambre y frío,
en los días difíciles.

Ave que vuela por el cielo,
no dejes que la tempestad,
nos lleve al triste remordimiento,
del difícil año.

Baúl

Los sentimientos encontrados los conservamos en un baúl de los recuerdos, las grietas del corazón las ponemos en escrituras en una carpeta de los sueños. Los amores pasados y las amistades que se fueron como globos, los almacenamos en fotografías y materiales cariñosos en un baúl de los recuerdos. Sollozos y alegrías se quedan en videos antiguos del pasado.

Lo único que atesoramos es nuestra experiencia, es nuestro historial de vivencia.

Camino cortado

Aquel señalamiento es incognito, nuestras almas no respetan las reglas de las carreteras siniestras. La velocidad es intensa, que las estrellas nos miran volar. La irresponsabilidad de los conductores destruyen las leyes humanas.

Retar cara a cara a la muerte no significa nada para los jóvenes eufóricos, sólo importa la diversión sin razonar. Subestimar la vida terrenal con exceso de velocidad y drogas de por medio, es como estar en una cueva de leones furiosos a punto de matar.

Nuestras almas vagan por los rayos de la luna menguante, en una noche oscura impredecible, con el ruido de las risas fugases, bajo las sombras de los entes acechadores.

Inesperadamente como un relámpago de lluvia, la luz de la vida se apagó en un abrir y cerrar de ojos, sin que los jóvenes se dieran cuenta de lo que habían hecho sin pensarlo.

Unos ojos y unas lámparas miraban los cuerpos tirados, y una camioneta blanca con luces radiantes, esperaba en ese lugar solitario a los que habían derrochado sus años de vida, bajo los excesos nocivos.

"El automóvil que viajaba a cientos de kilómetros por hora, había chocado con un inmenso tráiler de carga, acabando con la corta vida de los jóvenes adolescentes, por no respetar el señalamiento de la carretera".

Caminos inseguros

Si hay cuatro caminos en tu vida personal.
¿Qué camino elegirías?

Camino uno.
Buscar el amor de tu vida.
(Aunque te pases toda la vida en encontrarlo).

Camino dos.
Contraer matrimonio.
(Si no existe comunicación y afecto, se fracasa).

Camino tres.
La soltería.
(No es buena ni mala, todo depende de ti).

Camino cuatro.
Dedicarse al trabajo.
Si exprimes excesivamente tu juventud
en la rutina del trabajo, se te acabarán
los años maravillosos.

Entonces, ¿qué camino se debe elegir?
Para sentirse dichoso.

Cenizas

Sólo quedan cenizas del amor que encendió llamas, sólo cenizas. Si los sueños fueran realidad, todo acabaría tal y como imaginamos "realidad".

Sólo quedan cenizas del amor que cobijó los brazos, ya que era lo más bello para mí, sólo cenizas...

Si la senda de la traición fuera como el humo del cigarro, vería claramente la mentira y la decepción...

Sólo quedan cenizas de ese diamante hermoso, sólo cenizas. De esa pasión que yo sentía por ti, sólo cenizas. Cenizas mi amor, sólo cenizas, cenizas corazón, sólo cenizas, que se quedan en el olvido de nuestro amor.

Cenizas.

Corazón melancólico

Cuando empieza a llover;
en mi ventana solitaria,
mi corazón frustrado,
llora sin parar.

Las lágrimas de mi corazón,
que se derrama como un río,
son tan tristes y tan amargas,
por tu abandono.

Crees

Si pudiera ver el amanecer,
sería apasionante,
si pudiera ser un ave blanca,
tendría una paz interior.

Pero no se puede cambiar
de la noche a la mañana,
porque la vida es como nos toca,
por lo cual hay que respetarla.

Crees en todo, y eso me llena de luz,
crees en todo, y eso me llena de felicidad.

Si pudiera ver la estrella de luz,
en la oscuridad del infinito,
si pudiera ver la evolución del mundo,
eso sería hermoso.

Si pudiera ver el despertar de la naturaleza,
si pudiera ver los mares profundos,
si pudiera ver que el amor entre especies,
fuera verdadera entre los mundos.

Crees en todo, y eso me llena de luz,
crees en todo, y eso me llena de felicidad.

Cuento extraño (Los visitantes)

Un centauro me visita por las noches en mi ventana, diciéndome lo siguiente. – ¡Hola!, ¿cómo estás?–. Y yo le respondí. –He estado un poco cansado, por la rutina laboral –.

El centauro al escuchar esa respuesta se marchó…

A la siguiente noche me visitaron los duendes afuera de mi ventana, diciéndome con entusiasmo. – ¡Hola!, ¿cómo estás amigo?– Y yo les contesté secamente. – Me encuentro enormemente fatigado, y enojado por la vida que llevo–.

Los duendes al oír esa respuesta se fueron…

Y por ultimo vinieron los extraterrestres con su nave misteriosa, bajaron de inmediato y me dijeron. – ¿Hola cómo estás? –. Y yo les respondí. –He estado muy, pero muy, aburrido –.

Los extraterrestres no comprendían mi aburrimiento y me hicieron una pregunta. ¿De qué estás aburrido?

Yo con mucho sueño les dije. – De mi trabajo y de ustedes –.

Reflexión.

Todos en algún momento perdemos el interés por la amistad, porque la vida rutinaria y cansada de cada uno de nosotros es bastante complicada. En lo personal y en lo laboral.

Descanso

Las sombras de la usanza me acompañan, al caminar por las aceras de las calles; olvidando mi cansancio físico para no afectar mí trabajo. Concentro mi mente y mi espíritu de trabajador para empezar un buen día. Al llegar a mi trabajo, muestro lo mejor de mí, aunque mi deseo es estar dormido en una cama.

Así pasan las horas y las horas del reloj, y espero que termine muy pronto, para poder regresar a mi suave cama, que me espera como una fiel amiga.

Detrás de las pinturas

Un espectáculo increíble invade las burlas de los observadores; cantar y alegrar es mí labor, porque lo tengo que hacer para ganarme el pan de cada día, aunque mi voluntad ya está cansada de hacer lo mismo. Mi trabajo de payaso es ficticio e hipócrita porque no lo hago por felicidad, únicamente lo realizo por necesidad; al compartir mis ridiculeces.

Las sombras amargas de mi corazón, brotan de enojo y tristeza, porque mi vida es un vacio inmenso, aunque no lo demuestre en mi risa. Todas esas carcajadas y burlas que hago, son siempre las mismas de mi rutina, que me ahoga de muerte interna, cada que me pinto de colores.

Dormir

Cuando el sol comienza a desaparecer, el descanso del ser humano es dormir en la noche oscura, porque la vida continúa cada despertar de la mañana, ¡cada despertar!, noche que da sueño, noche de sombras, dormir en los brazos de Morfeo.

Abrazar a la almohada te hace sentir cómodo, para que los sueños lleguen de alguna dimensión. Los parpados cerrados antes de sumergirse en las lagunas imaginarias, contemplan una inmensa luz lunar sobre la ventana de cristal. Un grupo de mariachis que se hallaban en la planta baja del edificio, comenzaron a entonar unas canciones románticas.

Yo al escuchar esas melodías de guitarras y trompetas, me alegraba un poco mi vida cotidiana, pero me interrumpían totalmente mi sueño sagrado.

Desde luego que también se escuchaban diversos sonidos de animales, como gatos maullando en los árboles y perros ladrando, ¡esos sonidos me taladraban los oídos!

¡No me dejan dormir!   No respetan mi sueño sagrado.

En el transcurso de las horas, la noche se convertía en un fastidio, porque una pareja de novios vociferaban palabras anti sonantes por todas las calles. Seguramente se estaban peleando.

¡No me dejan dormir! No respetan mi sueño sagrado.

Desde luego que los mosquitos no se quedan atrás, son una infinita molestia cuando te empiezan a picar en la cara, en los brazos, y en los oídos.

¡No me dejan dormir! No respetan mi sueño sagrado.

¡Cuando por fin!

Los mariachis, los gatos, los perros, la pareja de novios, y los mosquitos se fueron.

Cerré mis ojos para dormir profundamente, ya que nadie me molestaba con ningún ruido. Pero un sonido chillante me obligo a que abriera los parpados nuevamente. Al estar medio "despierto" me di cuenta que no era ningún sonido de la calle. Ya que se trataba de mi reloj despertador, que marcaba las seis de la mañana.

Mi sueño bendito y sagrado se acabó, porque tengo que levantarme a laborar cada mañana.

Dormir.

Duerme instinto justiciero

Duerme instinto justiciero…
Cuando despierta, la equidad es castigada
con barrotes de fierro, al destruir a los lobos
destructivos, que han aniquilado a miles de crías,
sin ninguna razón o ley.

La antorcha que quema a los malignos…
Es mal vista por los buitres carceleros,
que encierran la justicia de los aldeanos,
que han perdido a sus seres queridos.

Ebrio

Estoy muerto y a la vez vivo; oigo los latidos de mi corazón que embriagan mi existencia. Tumbado en el suelo de la desdicha inconsciencia, mirando el alcohol que se revuelve en un torbellino, de angustias, dolor y amarguras, que me hacen sentir muy mal.

Dejo mis lágrimas en un atardecer de melancolía, sabiendo que la paz interior no regresará nunca más, porque me han dejado olvidado en un estanque vacío, en el cual no lo soporto más.

Mi triste soledad la ahogo con mis bebidas, sabiendo que los vicios destruyen la vida, pero eso ya no importa, porque ya no puedo más, con esta pena amarga que me consume diariamente sin detenerse.

La tierra comienza a temblar cuando me dispongo a caminar sobre el suelo, ya que mi estado de salud se encuentra en una embriaguez total.

Los recuerdos son muy difíciles de borrar de la mente, por eso bebo para olvidarme del desamor.

Ebrio.

El amanecer de la pasión

El amanecer de la pasión,
es despertar abrazado
con el amor de tu vida.

El amanecer de la pasión,
es vivir en la Tierra, en la
inspiración, en la armonía
espiritual, en la seducción,
y en el arte del amar.

Vivimos cada día,
amando sin parar,
disfrutando las caricias
y los besos, para nutrir
el alma y el corazón.

Soñamos diariamente,
derritiendo las pasiones,
que se convierten en un averno,
como el amanecer de la pasión.

El amor está en cada ciudad

Cada que viajo por las ciudades
dejo un amor en el olvido,
eso me convierte en un hombre
que no quiere compromisos
con nadie.

Los amores temporales se van y regresan,
cada que piso una bonita ciudad de mi tierra,
y me recuerdan para siempre las lindas mujeres,
que pasaron por mi lecho de rosas.

El rompe corazones es aquel, que no quiere
ninguna relación estable, ni amistades duraderas,
ni condiciones ni juramentos, sólo se busca una piel
desnuda sobre una cama de placer.

El mundo es grande y a la vez chico y frío,
por lo cual me hace sentir extraño e inseguro con
las mujeres que convivo a diario.

La vida agotadora que tengo me cansa el
espíritu, ya que viajo diario por todos lados
sin detenerme en un lugar estable.

Aun teniendo muchos amores por todos
los lugares que visito, no me llenan de
felicidad porque se van como los globos.

Estos amores que conquisto y olvido,
siempre los llevaré en mis recuerdos
de Casanova.

El atleta

Levántate de tu lecho, que la vida continua,
dúchate con agua limpia y toma un buen desayuno,
y sigue realizando la rutina del deporte,
para ganar un día una presea.

Camina, entrena, quema energía, que mañana
será de color dorado, muestra actitud positiva
y veras los resultados.

La mañana se transforma en noche, y el atleta
regresa a su hogar, convive con sus parientes
un momento, y después se dirige a su cama.

Duerme profundamente, soñando con una medalla.
¡Que ganará algún día en una olimpiada!

El atleta.

El barco de las sombras

Hoy lunes, mi reloj despertador empezó a sonar una y otra vez; yo lo escuché entre sueños y dije. –Sólo quiero cinco minutos de tolerancia–. Y no abrí los parpados de ninguna manera, únicamente quería seguir durmiendo en mis sueños profundos. La fría mañana me congelaba los huesos y eso hacía que me aferrara a mis cobijas suaves, que no me dejaban levantarme para irme a trabajar.

La voluntad de mi pensamiento me decía. ¡Levántate y dúchate! ¡Que la vida continua! ¡No puedes faltar al trabajo! ¡Porque te pueden despedir!

Seguí durmiendo sin escuchar mi mente, pero reflexioné un momento y me dije así mismo. – ¿Que estoy haciendo? –. ¡Debo levantarme de mi cama para continuar con mi vida!

Eso fue lo que hice, me levanté de mi lecho sin reprochar, me tomé un cálido baño en la regadera, y por ultimo me preparé un delicioso desayuno. Después de todas las actividades que realicé, me senté en un sofá muy cómodo y cerré los ojos unos minutos antes de partir a mí trabajo. En la breve imaginación, vi un barco enorme que navegaba por los mares oscuros de la sociedad, ya que se dirigía hacia mí para llevarme directamente hacia mi trabajo, que sea convertido en una amarga rutina.

Comentario del autor:

El significado del barco de las sombras, es una fantasía del cerebro, para que la rutina diaria del trabajo sea menos difícil.

El espejo del corazón (el reflejo de los amantes)

Soy un insaciable amante que viaja atra vez de un espejo; que es tu corazón. Inhalo el fuego de tu palpitar, galopo los caballos de la pasión, que corren libremente en tu ser. Y eso me vuelve loco al estar muy adentro de ti, amor.

La chispa del amor la veo aquí en este espejo, y me causa mucha euforia al saber que me amas, por lo cual te dejo mis sensaciones y mi esencia en tus manos para que los guardes en tu corazón.

Sigo remando por todo tu cuerpo, y veo tu alma iluminada, que me acaricia con mucha ternura, para transformarme en un espejo perfecto.

El espejo

El mismo reflejo de todos los días
me consume y me deprime el alma;
la chispa juvenil del pasado,
se disuelve entre los recuerdos del ayer.

Los años no pasan en vano,
las arrugas te hacen ver como ya eres,
(la madurez del presente).

Las manos, el cuerpo, y la cara,
comienzan a marchitarse, por el tiempo
que pasa sin detenerse.

El cabello de color que era fresco,
ahora es blanco como la nieve,
dejando una nostalgia en el corazón,
por los años que se fueron para siempre.

¡Tener que aceptar la realidad de la vejez!

Las veinticinco primaveras han pasado,
para dar paso a los otoños viejos de la vida,
como una flor delicada, que se consume,
al llegar su ciclo de existencia.

La vejez se refleja en un espejo,
por lo cual hay que aceptarla
con respeto.

El exilio, el mundo y otro verso

Me han exiliado de mi tierra,
y eso es tan desagradable,
sólo porque no estaba de acuerdo,
con los colosos de las leyes.

Hay aves de rapiña,
que se traicionan,
por la lucha de liderazgos,
y poder absoluto.

La esfera terrestre se está pudriendo,
por las llamas ardientes de muerte,
de los adversarios.

Este verso que escribo,
es una hoja seca,
que regresa y se va,
como la paz y el odio.

El frío invierno

Son las once de la noche,
y comienza a caer nieve
sobre mi ventana,
con su esencia invernal
de diciembre,
que es la estación más fría del año.

El frío invierno me congela
la piel entera,
al sentir el aire y las bolitas de hielo,
que invade las casas y los árboles.

Aquella estación invernal,
me hace muy feliz,
porque a las afueras de mi propiedad
hay diversas figuras,
como de renos enormes y hombres de nieve.

La escarcha de nieve blanca,
y el humo que sale de mi boca, lo observo,
cada que despierto por las mañanas,
y cada que duermo por las noches.

El frío invierno.

El gato

Caminante de la noche,
con ojos brillantes,
solitario por naturaleza.

Seductor por conveniencia,
cada vez que pasa una persona,
a un lado del felino.

Cazador de presas débiles,
orgulloso de sí mismo,
en las praderas del mundo,
que controla la humanidad.

Vaga por diversos árboles,
maullando bajo la luz de la luna,
para atraer la atención de las
personas, con el propósito de que
lo adopten.

El gato.

El infierno

Es una seducción, es una mujer, es un demonio de mis pesadillas, es una inspiración a lo anormal, que no puedo dejar de besar. Es una luz de mi alma, es una ardiente lava, es un ente demoniaco, es una hechicera de magia negra, es una diosa sexual.

¡Oh mujer!

Ella.
Navegó en el mar de mis lujurias, de mi infierno temperamental.

¡Oh mujer!

Ella.
Entró en los tormentos de mi inmensa pasión.

¡Oh mujer!

Ella.
Me convirtió en una criatura del deseo mas intenso.

El infierno que me quema la piel y el alma interna del cuerpo, es por la infinita agua roja de sus caderas, de sus labios, de sus cabellos, y de su grito de amor infernal.

Infierno que derrite mi fuego de hombre, al entrar en su caverna sin luz, dejándome el cuerpo sin energía, cuando la pasión se une como un eclipse solar.

El lago de los cisnes

Un nuevo día ha comenzado en este precioso valle que es uno de los más bellos del planeta Tierra, con su inmensa fauna que habita tranquilamente, que te deja un recuerdo encantador en la mente. Las aves despiertan de sus nidos para darle la bienvenida al sol radiante; los venados corren sobre los montes sin detenerse, y las flores de primavera abren sus pétalos muy hermosamente, en el paisaje verde de los animales.

Las nubes del cielo, las plantas, y toda la fauna, le dan una identidad al valle de la armonía, que hoy se presenta ante la mirada de los visitantes. La obra de arte natural que tanto aman y respetan las personas es verdaderamente un teatro de los sueños, un palacio de dioses, un lago de cisnes.

Poesías: El lago de los cisnes y El valle de la armonía.

Los cisnes buceaban y navegaban con arte, representaban la pasión de las aves, presumiendo a los humanos su belleza perfecta, que nadie puede igual en el mundo entero.

Un siglo de bonanza había en este valle, volaban las águilas por los cielos, mi mente se alegraba por sus mágicos cantos, en la armonía del precioso valle.

El lago de los recuerdos urbanos

Un día menos conocido,
la vida era distinta,
porque los valores
familiares existían,
en la tierra de los
nopales y serpientes.

Hoy se ha esfumado,
la cultura de los dioses,
y de la fuerza social
del pasado, porque la
malicia de los escorpiones,
han envenenado las costumbres,
de las aves del bosque.

Los días se han vuelto tan
ambiguos, por el simple
hecho de saber que los
potrillos, se han criado
bajo las enseñanzas del mal,
en la tierra de los lobos
sin piedad.

La agonía de los muertos,
y la vida actual, piden a gritos
un cambio total, en el lago
de los recuerdos urbanos,
el lago de la miseria humana.

El libro de los recuerdos (el diario)

Escribo unas letras sobre mi diario,
con sentimiento profundo que me ahoga
el alma. Sólo unas palabras de enojo y
tristeza, que me hicieron perder mi
voluntad espiritual.

Este diario que escribo no es para leerlo,
si no para desahogar las memorias internas,
que tanto me han lastimado en el pasado.

El mar de Poseidón

El viaje es una recompensa que nos da la vida, tal vez sea el descanso que merecemos toda la humanidad, por esas largas jornadas laborales, que son de diez horas aproximadamente. El cansancio vale la pena cuando decidimos viajar a distintos mares de todo el planeta Tierra, sin embargo hay un sitio que es muy especial, que te llena de satisfacción.

"El mar de Poseidón" un inmenso mar que habla y convive con todos los turistas del mundo entero.

Mar de Poseidón, dios del mar que habita en las profundidades del piélago, deidad de los misterios del abismo, danos permiso para nadar en tus olas salvajes de tu reino, para que tus invitados gocen de sus vacaciones de verano.

El mar de Poseidón al escuchar las oraciones humildes de las buenas personas, permitió que todos nadaran libremente en su bendita agua salada.

El misterioso caso del triángulo de las Bermudas

En las profundidades del océano Atlántico hay un misterio que jamás podremos resolver; como las desapariciones de barcos, aviones, tripulaciones de ejércitos, submarinos, helicópteros, y diversos investigadores del mundo.

Aquí en estos textos de ficción, se narran unos acontecimientos siniestros del pasado.

Triángulo de las Bermudas/ océano Atlántico, 1941.

Un coloso submarino de la Armada Imperial Japonesa se dirigía a las islas Bermudas, Puerto Rico, y Fort Lauderdale (Florida). Para preparar unas bases militares en aquellas tierras, con el objetivo de bombardear por cielo y mar a los Estados Unidos de Norte América.

Akira el general, les mostraba a todos los tripulantes un mapa en el cual debían seguir las instrucciones. – En este lugar debemos llegar, para instalarnos. El ataque sorpresa hacia los americanos lo lamentarán mucho–. Tomó un sorbo de agua en un vaso y continuó diciendo lo siguiente. – En estas islas llamadas Bermudas, Puerto Rico, y Fort Lauderdale, haremos unas bases militares, con la misión de destruir a Pearl Harbor. Concluyó la conversación el general Akira con una sonrisa. Sin embargo, cuando planeaban su llegada a las islas, sucedió algo extraño en el submarino japonés.

La energía eléctrica de la nave empezó a fallar dramáticamente; el radar ya no funcionaba, las lámparas se apagaban, desde luego que las turbulencias eran muchas sin ninguna explicación científica. Akira tirado en el suelo les decía a sus tripulantes. – ¿Qué diablos está pasando aquí? Mientras uno de los militares le respondió agarrándose el cráneo con su mano derecha, ya que le brotaba mucha sangre. – ¡No lo sé, señor! –.

Duró más de diez minutos el desastre del submarino; hasta que bajó la intensidad por completo, la energía eléctrica se mantenía sin actividad. Akira el general al ver que la avalancha del mar se había acabado por completo, se levantó del suelo con un fuerte dolor de cabeza y vomitó.

– ¿Qué fue lo que pasó? Decía Akira a sus militares.

En ese instante algo siniestro golpeó fuertemente el submarino, provocando un agujero en la parte del casco. El agua del mar se empezaba a filtrar por todos lados invadiendo toda la sala de control. Akira con terror ya no tenía voluntad de dar órdenes a sus soldados si no de gritar. – ¡Vamos a morir! –.

En un abrir y cerrar de ojos el submarino de la Armada Imperial Japonesa desapareció.

Triángulo de las Bermudas/ océano Atlántico, 1992.

Cinco Jets de la Fuerza Aérea de los Estados Unidos de Norte América viajaban por el cielo. James Coby un piloto aviador se comunicaba con sus compañeros atra vez de sus auriculares.

– Edwin, ¿me escuchas? Cambio. –
Le contestó Edwin. – Si James, copio. –
–Parece que tengo Edwin, un grave problema con el radar, ¿tú te encuentras bien? Cambio. –
Le volvió a responder Edwin. –Sí, todo está bien Coby, ¿qué es lo que le está pasando? Copio. –

James Coby con desesperación le dijo unas palabras. – Mi radar no está funcionando a la perfección, ya que presento una grave interferencia. Te pido de la manera más atenta Edwin, que verifiques a los demás compañeros si se encuentran bien, cambio y fuera–.

Edwin Dolz con la indicación que le dio el general Coby se dispuso a comunicarse con el resto de la Fuerza Aérea. En efecto los tres pilotos aviadores se encontraban en perfectas condiciones, con excepción del avión de James Coby que aun presentaba un grave problema con el sistema de rastreo. Después de recibir la información de los pilotos, se comunicó con Coby.

– Llamando, al general Coby, ¿me escucha? Cambio. –
El general James Coby le contestó. – Si, te recibo. Copio. –
– Señor Coby, los compañeros se encuentran en perfectas condiciones, cambio–.

– Me parece correcto Edwin, copio. –

Esa buena noticia de los pilotos le agradaba al general Coby, pero a medias, porque su problema de rastreo estaba en una crisis total. La preocupación de James lo angustiaba mucho ya que en la atmosfera en la que viajaban, estaba toda cubierta de una niebla blanca. Después James Coby siguió hablando con su compañero Edwin.

–Edwin, ¿me recibes? Cambio. – Nadie le respondía por la bocina. ¿Edwin? ¡Contesta! Absolutamente la comunicación se perdió inexplicablemente, dejando un vacío y un terror a Coby.

El general James al presenciar la falla técnica de comunicación con sus compañeros aéreos, se dispuso a hablar con la Torre de Control Militar; pero era inútil hacerlo porque también se encontraba en un silencio total.

Al estar solo en el humo de la niebla, Coby presenció un sonido ensordecedor, y el Jet militar explotó en llamas de fuego. También los demás aviones explotaron en el aire.

Triángulo de las Bermudas/océano Atlántico, 2001.

Un inmenso crucero transatlántico de origen inglés, de ochenta y cinco metros de altura y seiscientos cincuenta y ocho de largo, se dirigía al Mar Caribe con destino a (Puerto Rico). Cientos de pasajeros ingléses disfrutaban de la diversión que les proporcionaba el lujoso transatlántico The big monster, ya que su calidad era exquisita en todos los aspectos.

La espesa oscuridad del cielo alegraba el júbilo de la sociedad, tras disfrutar una velada llena de baile y alcohol. Paul Redfield y su querida esposa observaban por la borda del navío las ondas del mar que vibraban lentamente.

–Qué noche tan especial, ¿no cariño? Le daba una delicada caricia Redfield a su esposa. Karen su cónyuge le respondió. –Claro que si cielo–. Se dieron un beso apasionado.

Karen Stewart Y Paul Redfield era un matrimonio inglés, por lo cual había decidido viajar del viejo continente a América Latina, para pasar unas buenas vacaciones en compañía de sus pequeños hijos. Los hijos de Stewart y Redfield se llamaban Arthur Bryan y Scarlett Nicole, de apenas 9 y 6 años de edad.

Arthur Redfield junto con su pequeña hermana jugaban con un rompecabezas aun lado de sus padres, que se besaban y se acariciaban en medio de una noche de luna llena.

Ahora en el sistema de control.

El capitán del transatlántico George Hilton trabajaba con la demás tripulación para que todo funcionara a la perfección; como en el sistema de radar, luz eléctrica, entretenimiento, y cámaras de seguridad.

– Todo va muy bien señores. – Decía George a sus empleados. – Llegaremos muy pronto a nuestro destino, gracias a su colaboración y desempeño de cada uno de ustedes–. Se levantó de su asiento para salir del sistema de control. Pero antes de que abandonara el área de control, sucedió un extraño contacto. El radar del buque había detectado un inexplicable objeto en el mar abierto.

Ben el oficial de operaciones con sudor en la frente dijo estas palabras. –El radar ha detectado algo muy extraño señor. – Se dirigía hacia el capitán. – ¡Es extremadamente veloz y enorme!

George le respondió. – ¿Que estás diciendo? Inmediatamente se acercó al sistema de rastreo y vio con sus ojos al ser que se movía a una gran velocidad en el agua, por lo que se asemejaba a un coloso volcán. – ¿Qué demonios será esa cosa? ¿Acaso se tratará de un mega transatlántico? Le preguntaba a Ben.

En respuesta Ben Wilson le dijo con mucho nerviosismo. – No lo ssse seeeñor, tennngo mieedoo. Tartamudeaba por el intenso miedo.

***

En seguida la enigmática figura del radar llegó a su objetivo que era el crucero The big monster. Inmediatamente el sistema de control del navío activó una alarma de peligro para que todos los viajeros se acercaran lo más pronto posible a la cabina de control.

Las primeras personas que escucharon el sonido de peligro, fue la familia Redfield que se hallaba a un lado de la borda del inmenso buque turístico. Después de que transcurrieron los minutos, los pasajeros empezaron a abandonar sus actividades para reunirse en la cubierta principal. Alexander Star un joven inglés proveniente de Suffolk se acercó a la familia Redfield para preguntarles el motivo del sonido.

–Hola amigos, ¿Por qué está sonando la alarma de peligro? – Paul nerviosamente le contestó. –No lo sé–.

Posteriormente el capitán George Hilton abrió la puerta del centro de control y vio a toda la gente reunida en la cubierta. La información que les iba a dar era lo siguiente.

–Señores pasajeros, esta alerta de peligro es por una amenaza en el mar abierto. ¡Ocúltense lo más posible!

Las personas al oír las dramáticas palabras del capitán, le hicieron unas preguntas para aclarar sus dudas. – ¿Qué clase de amenaza? Hacía la primera pregunta Paul Redfield.

George Hilton le respondió. –Se especula que es un mega barco, por lo cual se encuentra varado en el mar, o simplemente es un ataque terrorista. Hilton con su mano derecha se acariciaba su abundante barba blanca al escuchar las opiniones de cada pasajero

Alexander Star le dijo. – ¿Es inmensamente peligroso? –. Cuando iba a explicarle al joven Alexander, ocurrió una inesperada turbulencia similar a un terremoto de once grados centígrados. La gente se caía al suelo metálico de la cubierta principal pegándose fuertemente, otras se sujetaban en los barandales, y algunas se caían al tenebroso mar que se los tragaba sin piedad. Automáticamente la energía del transatlántico se empezaba a apagar, hasta extinguirse totalmente.

La terrible turbulencia se detuvo por completo.

Los turistas con mucho dolor se empezaban a levantar poco a poco del suelo, y el resto de los sobrevivientes que lograron sujetarse en la borda de fierro, miraban por todos los alrededores, bajo las tinieblas de la madrugada.

–Se detuvo. – Decía el capitán Hilton al contemplar un silencio total. Pero aun no acababa el infierno, apenas comenzaba lo mejor en el océano Atlántico, o mejor conocido como el triángulo de las Bermudas, el mar siniestro.

***

De pronto bajo el agua del mar se escuchó un grito aterrador, que enfriaba y atemorizaba a todo ser vivo del planeta Tierra. Ese alarido sobrenatural lo escuchaba la familia Redfield, y el resto de las personas. Hasta que el ser misterioso del piélago azul, se descubrió ante los humanos.

De lo más profundo del océano surgió un abominable monstruo marino de aproximadamente 188 metros de altura con 23 tentáculos gelatinosos. Tenía cuatro cabezas con forma de serpientes, y su color de piel era gris con muchas escamas. Siniestramente gruñía con una voraz furia al ver a sus presas gritar de terror.

Paul Redfield con el corazón palpitando al mil por hora, le dijo a su esposa e hijos. – ¡Oh por dios, que demonios es esa criatura! – Abrazaba a sus seres queridos llorando. Karen sin mirar al monstruo sollozaba de tristeza, porque la muerte acechaba en las aguas saladas del infierno.

El coloso del mar era un hibrido de dos razas, como mitad pulpo y mitad serpiente, que se hace llamar como Der Dämon aus der Tiefe, que traducido en español significa El demonio de las profundidades.

Un momento después Alexander Star al observar que no existía ninguna escapatoria de la muerte, se lanzó al precipicio del mar para acabar con su vida. Hilton y Ben el oficial de operaciones sacaron de sus sacos de marina un par de revólvers y se dispararon en la cabeza, y cayeron sus cuerpos muertos en las profundidades del agua.

El monstruo marino con toda su ira agitó sus tentáculos viscosos y los lanzó hacía el crucero donde se encontraba todo el gentío reunido. Los alaridos se oían por todos lados, no había ningún ser que no pudiera evitar el llanto y el horror del Dämon. En seguida los tentáculos gigantes se enrollaron cruelmente al buque para triturarlo lentamente, con el fin de hundirlo hacía el oscuro abismo.

La criatura con todo su peso completo hundió el transatlántico bajo el mar. Todos los turistas murieron devorados.

Fin.

Conclusión del misterio del triángulo de las Bermudas

El monstruo marino de cuatro cabezas Der Dämon aus der Tiefe, es el guardián del triángulo de las Bermudas, ya que custodia las bases alienígenas de las profundidades del océano Atlántico. Por esa razón la energía desaparece a causa de un imán de alta tecnología, que es utilizado por seres de otros mundos bajo el mar, con el objeto de extraer todo tipo de material energético para inmovilizar las presencias ajenas.

Los gobiernos de todo el mundo niegan la existencia extraterrestre y monstruos marinos, manipulan la información real de las desapariciones de barcos, aviones, y personas.

El triángulo de las Bermudas existe en el mar profundo, y desaparece todo lo que se le cruza en el camino.

El poeta triste, lamenta la ausencia de su amada

La ausencia de tu amor me ha destruido
como los terremotos.

La ausencia de tus bellos ojos
me avienta a un vacío
profundo.

La ausencia de tu voz me desvanece
totalmente.

La ausencia de tu nombre me enfría
en las madrugadas.

La ausencia de ti, me ha vuelto loco.

El tango sensual "Afrodita"

Baila conmigo corazón de miel, obsérvame con tus encantadores ojos de diosa del amor; abrázame con tus brazos de mujer hasta que deje de respirar. Con un solo beso tuyo me terminas de enamorar en esta oscuridad, que es tan apasionante para mí...

Sigue bailando conmigo mujer de fuego, mujer de leyenda, sigue bailando en esta noche oscura, bajo la esencia de un romántico violín y un bandoneón que toca sin parar. En un sofá nos contemplan las sombras de los espectadores que miran sin pestañar el arte del tango. Baila mujer del deseo, suspira mi aire, inventa mi pasión desenfrenada, los temores del hombre es permanecer en silencio hacia una hermosa mujer.

¡Oh Afrodita!, mujer sensual, provocas que las llamas de la pasión exploten en un baile sensacional.

Los minutos se evaporan, igual que mi instinto hacia a ti Afrodita, ya que quisiera darte mil besos de amor en esta penumbra, por lo cual serás mi guerra ganada de los amores pasados, de los huracanes sin ruta, sin ilusión.

¡Oh Afrodita!, muéstrame la senda del placer y todo el palacio del dios Zeus.

¡Oh mujer del amor!, me derrito cada que veo tu vestido rojo junto a mí...

Amor de mis amores, diosa de diosas, amante salvaje. Seductora de mi alma enamorada, enséñame a bailar con tus pasos infinitos, bajo la danza elegante de la luna y el sol. Afrodita, Afrodita, bésame intensamente con tus labios, hasta que el sol destruya la oscuridad totalmente.

El tango sensual "Afrodita".

El violinista

Se oye un sonido desde lo más lejos.
El arco y las cuerdas de un violín.
Enamora con su bella polifonía.

Suena como el amor apasionado.
Suena como un sueño perfecto.
Suena como un beso en la boca.

El amor se derrite al escuchar las melodías
del violinista, que muestra arte por la música.
Dejando inmensamente impactados,
   a los jóvenes enamorados.

Se escucha una belleza insólita.
Custodia los momentos propios.
Inventa lo que nadie puede hacer.
Ilusiona como un mago perfecto.
Bajo la divinidad del interior.

La melancolía profunda,
no tiene el color gris,
porque el amor brilla,
más allá de la oscuridad.

Los besos profundos de los amorosos jóvenes,
inyecta una esencia en la música del violinista.

En los brazos de la Muerte

Hoy se acabó la bendita vida, hoy me sepultaron con mucha tierra, hoy las tinieblas se han apoderado de mi alma, que vaga sola en una dimensión desconocida. Siento un inmenso frío al estar en un túnel que no se a donde me llevará, mi voluntad de fantasma sin rumbo me guiará hacia el mundo fantasmal. Ya no duermo ni tampoco como sólo camino sin encontrar, me siento muy solo en este lugar que me aterra por su infinita oscuridad. Mis lágrimas se han secado y mi enfermedad se ha curado pero aun no entiendo ¿por qué sigo caminando? sin llegar a ningún lado.

La respuesta me la dio una voz del inframundo diciéndome entre las sombras. −Sigue caminando y no te detengas, jamás mires hacia atrás, porque si lo haces te quedaras en la oscuridad de la muerte. − Al escuchar esa misteriosa voz continué recorriendo el túnel espectral sin mirar hacia atrás. Me sudaban las manos y mi corazón latía a mil por hora, hasta que encontré un enorme (portón) en el cual lo cuidaba un personaje muy conocido en el mundo de los vivos, "La Muerte".

El esqueleto con sotana me dijo. −Ven aquí hijo mío del inframundo, te permitiré pasar al mundo de los muertos, ya que tu historial de existencia es de mucho respeto para mí. −

Me acerqué hacia la Muerte y ella me abrió la puerta de par en par para que cruzara el umbral, pero antes de entrar me dio un abrazo diciéndome "Bienvenido".

La Muerte no discrimina, ni juzga, sólo viene por el fin de la existencia.

Esperar

Esperar tu llegada,
esperar tu presencia,
es la espera
del amor.

Esperar tu cariño,
esperar tus labios,
es la espera
del amor.

Esperarte en esta estación
del tren, sentado en una
banca de fierro, bajo el sol
de medianoche,
lo vale,
porque sé que me amas,
y volverás a mis brazos,
mi amor.

Esquizofrenia

Están sonriendo las imágenes que he pintado, las sombras de los pasillos me persiguen, los gatos son de color azul, los ruidos llaman a la ira inevitable; las estrellas del infinito viajan hacia un volcán, la luna se transforma en un demonio, las personas aúllan como lobos en las montañas, y los relámpagos de la lluvia es una ambulancia.

Me tapo los ojos y los oídos para no escuchar los alaridos de los muertos, hasta que me azoto por las paredes de colchón. Mis brazos son capturados con una camisa de hierro sin libertad, con llanto de locura desesperada.

La oscura soledad de mi interior es eterna, ahogado en un mundo de rarezas, donde la medicina no tiene solución ni en el alma ni en el cerebro… Esquizofrenia.

Estación del metro

Hay gente que no observa con claridad, que la estación del metro se va y regresa en un instante; así sucede con la vida en un abrir y cerrar de ojos, no nos damos cuenta que se puede prender como un fósforo o se pude apagar como una vela. En fin lo que importa es abordar el vagón del metro para llegar a tiempo a nuestro destino. Aquí en este sitio suceden varios aspectos, que se debería poner más atención a la hora de viajar por el metro, como por ejemplo.

Entran y salen los vendedores ambulantes con la misión de vender artículos baratos para toda la sociedad; uno que otro les compra, otros sólo miran sus productos. Los policías que están para cuidar a los usurarios del metro, permiten que algunas personas ingresen a los vagones en estado de ebriedad, o simplemente se hacen de la vista ciega para no vigilar correctamente a los delincuentes, que asaltan a mano armada a los pasajeros. También hay prostitutas, drogadictos, maliciosos, y personas pidiendo limosna etc.

Este medio de transporte, sea convertido en un barrio con llantas.

Estación del metro.

Expresiones reales

La gente de la ciudad nos observa y nos critica por extraños, sin embargo la vanidad gótica se muestra sin miedo al rechazo de la sociedad porque es un estilo personal. Los vestidos de terciopelo y la elegancia fantasmal nos llena de orgullo y pasión, cuando caminamos libremente por las calles. El dilema oscuro de la tribu es el siguiente. "Sólo nos importa nuestra cultura gótica". A pesar de que estén en desacuerdo las personas.

Todos los góticos pensamos que la vida hay lados negativos y positivos, y eso nos convierte en servidores del inframundo; (entre la vida y la muerte). Este breve texto que se comenta, se expresa de la manera más profunda, para que se conozca un poco la forma de pensar de nosotros los góticos. Nosotros los que navegamos en los mares oscuros de la existencia.

Conclusión.

Las sociedades góticas son seres apartados del mundo ya que visten con ropas oscuras y maquillaje blanco, para ocultar la tristeza del corazón. Las mujeres usan vestidos largos de terciopelo y los hombres utilizan sotanas negras de piel. Ambos usan piercings en la cara y cortes de cabello a la moda oscura etc.

"Los góticos" tienen diversas ideas y costumbres, por el cual merecen respeto.

Filosofía y poesía

Si la filosofía moral de nuestro pensamiento fuera más franca y más honesta, perdonaríamos a los demás.

Si el corazón humano fuera puro y noble, se lo daríamos al prójimo.

Si en verdad amaramos no sentiríamos rencor ni orgullo.

El soñador imagina mundos, el poeta lo concreta en textos, el amor explota en llanto de lluvia o de fuego incandescente.

Filosofía y poesía.

Fotografía

Como olvidar aquellas fotografías del pasado, con eufóricas sonrisas y sentimientos expresados, leyendas que fueron el espíritu del año. Diversas memorias que viajan a través de un torbellino del revelado, se quedan inmortalizadas en un papel de colores. Una fotografía es el cariño de uno, como la amistad, el amor y la felicidad.

Al mirar las fotografías se recuerdan los viajes, las fiestas, los noviazgos, los cumpleaños, las bodas y un sin número de cosas que te hacen sentir muy feliz.

Millones de rostros se toman una fotografía, ya sea en una cámara digital o simplemente en un celular moderno, para detener el tiempo para siempre.

Fotografía.

Fuego en la sangre

No sabes cuánto calor tengo en mi sangre,
al besar tu piel intensamente,
bajo la oscura noche.

Te voy desnudando lentamente,
saboreando tu delicado fruto,
que me llenará de placer
al comerlo.

Al despojar tu vestido negro,
dejas al descubierto
tu cuerpo desnudo,
y yo lo observo de pies a cabeza,
para beberlo como un vampiro.

Acaricio con mis manos cálidas,
tu escultural figura,
la beso con mis labios
ardientes,
hasta que ya no pueda más.

El fuego que tengo en la sangre,
me quema por dentro,
al mirar tus bellos senos.

Vocifero al entrar en tu cueva sin luz,
expulsando mi lluvia en tus desiertos internos,
aullando como un lobo al ver la luna llena,
que me ha transformado en una bestia salvaje.

Al terminar mi arte pasional,
te abrazo con todas mis fuerzas,
para que nunca te separes de mí.

Fuego en la sangre.

"Fuego"

Cuando el sol y la luna se unen,
se transforman en un solo ser,
para amarse profundamente,
bajo las tinieblas del eclipse.

El fuego del sol se vincula
entre los lazos amorosos de la luna,
poniendo al descubierto el placer carnal,
ante la vista de la sociedad.

Los observadores se ponen lentes oscuros,
para mirar la sorprendente magia,
de los señores de la galaxia.

El espectáculo es inmenso,
que impacta a todo ser,
provocando miradas intensas,
al oscurecer.

Al terminar el clímax de los astros,
la luna se separó del sol,
para dar paso al día primaveral,
que tanto aman y respetan,
los seres vivos del planeta.

Las llamas de fuego que hay en el corazón
del sol, sólo suspiran y aman locamente,
a su amante nocturna.

Fuente de vida y de esperanza

Toda mi vida ha sido un fracaso, que me llena un vacío interno. Por tanta oscuridad, ira, tristeza y desamor, que ha existido en mi pasado y en mi presente. La mala suerte me hunde en un fango oscuro, por lo cual nunca he podido salir de su maldad, y eso me hace sentir desdichado e impotente de salir adelante en mi vida.

Pero un día sin pensarlo vi a través de mí caminar, una fuente de agua limpia que me tranquilizó mí pesar. Me acerqué hacia la fontana para beber su agua pura, olvidando un momento mi triste silencio. Esa agua que bebí de la fuente me curó mi alma y mis problemas, convirtiéndome en un hombre optimista, con mucha paz interior.

Moraleja.

La esperanza se pude transformar en diversas cosas para ayudarnos a salir adelante, "por medio de la fe".

Gente extraña

Veo mucha gente caminando por la ciudad muy deprisa; con abrigos amplios y paraguas de colores, para cubrirse de la lluvia fría, que se derramaba de las nubes grises. El viento soplaba con excesiva fuerza, dando escalofríos a los transeúntes de las calles. Que trataban de esconderse bajo un techo de una miscelánea, u otro lugar más cómodo.

La gente extraña no muestra respeto, porque empujan al subir en los vagones del metro, no respetan los asientos de los discapacitados, ni tampoco se respeta el libre paso de "antes de entrar permita salir".

¿Será a caso el estrés de la lluvia? ¿El que provoca la falta de respeto? ¿Será por eso que la gente extraña se comporta de esa manera?

Gotas de lluvia del corazón

Estoy viendo la lluvia sobre mi ventana,
que se derrama con amargura,
y eso me hace sentir muy triste,
por tu lamentable ausencia.

Las lágrimas que derramé en tu sepulcro,
se convirtieron en un desierto,
porque hace daño seguir llorando por tu muerte.

La única que me comprende y que pude llorar por mí,
es la lluvia acida que cae del cielo nublado,
esas gotas tristes de mi corazón.

Hombre Lobo

Caminando por los bosques, cortando ramas.
Cayendo baba en una boca infernal.
Ojos iluminados en un infierno vivo.
Rostro oculto en pelos oscuros.
Garras enormes en manos monstruosas.
Con sangre en los colmillos, piel destrozada.

Hombre de día, bestia de noche.
Al caer la luna el licántropo se transforma.
En la peor pesadilla que un humano
pudiera tener en la vida misma.

Aullando como un trueno del fin del mundo.
Para dar muerte a víctimas inocentes.

Inesperadamente se oyó desde lo más lejos
del bosque, un sonido de pólvora,
por lo cual despertaba la maldad
de la bestia nocturna.

Al acercarse el Hombre Lobo al ruido
que lo había molestado,
se encontró con un campesino con un rifle en mano.

El campesino con sudor en la frente y terror
en el alma, le disparó con una bala de plata,
directamente al corazón del Hombre Lobo.

Hoy no me quiero levantar

Amanece de pronto, y veo ese resplandor luminoso de la mañana, que entraba por las orillas de mi persiana, alumbrando mi habitación sin detenerse, para dar comienzo a un nuevo día. Mis ojos seguían descansando pero mis oídos estaban escuchando, los cantos armoniosos de los pájaros turpiales, que cantaban con júbilo y frescura en los bellos árboles ombú. Al estar dormido y despierto a la vez, no me quiero levantar, por el agotamiento físico que tengo en el alma y en el cuerpo. No deseo levantarme de mi cama divina, por mi fatiga humana. (Hoy no me quiero levantar).

La energía del cuerpo se fue terminando, la fuerza de la voluntad no existía, ni la responsabilidad del trabajo. "Sólo permitía el sueño profundo de Morfeo". (Hoy no me quiero levantar).

Cada segundo de la existencia humana que había sobre las calles, no me motivaban en absoluto, ni los parques familiares. "Únicamente me importaba mi sueño abismal". (Hoy no me quiero levantar).

El sonido del reloj despertador; comenzaba a sonar una y otra vez. En cambio yo lo escuchaba sin abrir los parpados. Sin embargo tenía que reconocer al señor reloj, su labor de "avisador", ya que me vociferaba con su agudo ruido para despertarme de mi sueño, con el fin de regresarme a la vida cotidiana, a la rutina de siempre. (Hoy no me quiero levantar).

Me arrastré como un ciempiés sobre mis sabanas blancas, pero aquellas telas de algodón me atrapaban como una red sólida, sin dejarme en libertad. (Hoy no me quiero levantar).

Me levanté de mi cama a la fuerza, y me bañé a la misma hora. (Hoy no me quiero levantar).

Desayuné el mismo platillo, a la misma hora. (Hoy no me quiero levantar).

Salí de mi hogar para tomar el mismo taxi de todos los días, con el fin de que me llevara a mi trabajo. (Hoy no me quiero levantar).

Llegué tarde a mi oficina a propósito para que me regresaran, pero mi suerte no me sonrió, porque había demasiado trabajo. (Hoy no me quiero levantar).

Los compañeros me criticaban y me hacían gestos, al verme demacrado por el agotamiento laboral. (Hoy no me quiero levantar).

Pasaban los segundos y los minutos, y mi usanza se hacía cada vez más gris, que no me dejaba estar en paz. (Hoy no me quiero levantar).

Ha terminado mi jornada laboral, para regresar a mi casa a dormir. (Hoy no me quiero levantar).

Así pasaban los días y los días, y la fatiga no me dejaba, por esa cansada vida humana que tenía. (Hoy no me quiero levantar).

"Tener que abrir los parpados para ver la luz del día sobre mi ventana, y pensar que es la misma rutina".

Jamás digas

Jamás digas "no puedo cruzar ese camino de púas" de lo contrario si no lo intentas, "te quedarás en las sombras del fracaso".

La amargura del payaso

Cada mañana me levanto de mi cama con una melancolía profunda, porque mi mujer que tanto quería me traicionó, y eso es tan triste y tan oscuro para mi solitario corazón. Salí de mi hogar con mi disfraz alegre, acompañado de una pintura blanca en mi rostro, y una peluca verde, para que adornara mi fíctícia bonanza.

Llegué a un cumpleaños de un infante y di mis primeras carcajadas, y todos me aplaudían de mi falsa felicidad. Las miradas de toda la sociedad me criticaba y eso a mí me dolía mucho, porque mi dignidad quedaba en el olvido y mi voluntad se perdía en un estanque de tristeza y dolor.

"Mi corazón está llorando por dentro y no lo demuestro a las personas, porque soy un profesional de la felicidad". (Tener que sonreír para ganarme una moneda).

Tal vez mi amargura es muy personal, y no deseo darla a conocer por respeto a mi trabajo y por la sociedad infantil que me miraba con alegría. Al termino del espectáculo, a todos los espectadores les obsequié unos globos de diversos colores y agradecí enormemente al público por ver mi labor de payaso.

La balada de la guitarra eléctrica

Las palmeras se movían por un viento del este,
las aguas saladas se revolcaban de emoción,
los dioses escuchaban silenciosamente,
las melodías que tocaba mi guitarra de rock.

La guitarra eléctrica representaba mi sentimientos,
más poéticos de mi interior, más románticos de mi aura,
que me hacía sentir muy orgulloso, de mi talento de rock.

Las notas musicales que tocaba con mi instrumento,
hacían bailar a los peces del mar,
y enamoraba a las Sirenas de las profundidades del agua,
que suspiraban, al verme cantar.

Guitarra eléctrica, guitarra de rock, suenas tan hermosa,
que me enamoro de ti.
Guitarra eléctrica, guitarra de diablos, entonas canciones,
de desamor.
Guitarra mitológica, guitarra de pasión, grito contigo
en la playa sin sol.

La balada de la guitarra eléctrica.

La barca nos guía

Todos los seres humanos navegamos con una barca en el océano, con el objeto de llegar a un destino establecido. Sin embargo, nunca pensamos con inteligencia, ya que a veces nos dejamos llevar por la marea negativa; como las adicciones, la delincuencia y el racismo, que son un mal para el mundo entero.

La barca nos guía por diferentes mares de la vida, ya sea para bien o para mal. Nosotros decidimos nuestro destino, si bajamos del navío o nos quedamos navegando por el piélago, hacia un mundo de progreso y honestidad.

En mi opinión: "Algún día todo lo malo cambiará para bien, todos seremos libres de la espesa oscuridad, de la infamia realidad".

La Calzada de los Muertos

Me encuentro caminando sobre la Calzada de los Muertos, ahí los muertos me miran por todas partes de mi caminar. Esperando en aquel lugar sagrado, el regreso de los antiguos dioses del pasado. La cultura de los teotihuacanos se encuentra sobre unas pirámides, que se hacen llamar el Sol y la Luna. Por lo que es un lugar sagrado y milenario que hizo historia a través de los siglos.

Hace muchos años en Teotihuacán se hacían diversos sacrificios humanos, para venerar a los dioses supremos, con el propósito de que los ayudaran a tener un bienestar social. Por esa razón se ejecutaban los procedimientos de sadismo, violencia y destrucción, que tanto hablan los historiadores.

La Calzada de los Muertos es una senda remota de los dioses, que bajaron de las estrellas, para crear una cultura asombrosa, que tanto admiran los visitantes del México prehispánico.

La carta

Casi la mayoría de las personas le envían una carta a alguien muy especial o por saludar. El mensaje que se envía puede ser a tu hermano, esposo(a), hijos o amigos. Ese afecto lindo y puro lo transmitimos en una hoja de papel, para que el prójimo se sienta querido por nosotros.

Sinceramente la carta se escribe para estar en comunicación con las personas y para estar muy cerca de cada una, aunque la distancia sea muy lejos.

La carta.

La clave del éxito está en tu interior

Si tienes una meta en la vida la puedes alcanzar con esfuerzo y dedicación. A base de la fuerza de voluntad de uno mismo. Siempre tienes que ser fuerte de mente y de corazón, para ganar los retos que la vida te prepara, y para salir adelante en los momentos difíciles.

Aquí muestro unas frases optimistas.

* Soy un ganador.

* Voy alcanzar mi meta.

* No me rendiré nunca porque soy un guerrero(a) de las selvas.

* Mi esfuerzo valdrá la pena.

* Obtendré mi objetivo.

El maratón que todos corremos en la vida es tan difícil de ganar, porque hay muchos competidores de todo el mundo, pero si te concentras y luchas intensamente, puedes ganar la competencia a base de sacrificios y trabajo.

"Los obstáculos que se me presenten los superaré".

La definición de la ira

Ese odio que tengo a la vida me destruye mi existencia, encarcela la luz de mi alma, sin tener piedad alguna. La negra ira de mis entrañas envenena mi corazón, por lo cual lo convierte en un ser abominable y destructor.

La cólera y la rabia que hay en mis venas, ha lastimado físicamente y moralmente a mis amigos y familiares, por mis impulsos violentos de mi amarga personalidad.

(La ira no deja nada bueno, porque puede acabar con la vida de una persona).

La esencia del espíritu

Mi esencia espiritual se convierte cada vez más dulce;
por las caricias que me das, por el amor que me brindas,
y por los besos que me regalas de tus preciosos labios.

Al estar junto a ti, vuelo por los cielos,
al mirar tus ojos verdes, muero de pasión,
al acariciar tu piel delicada, me conviertes en un arcoiris,
al suspirar tu aura de luz, me transformas en un lago.

La puerta de tu amor es tan pura y dócil,
que me permite entrar en tu corazón,
para mirar mundos imaginarios,
como gatos poetas y conejos bailarines.

El encantamiento de tu amor que me has dado,
ha enamorado totalmente mi corazón,
que canta bellamente como las aves de los árboles,
provocando una esencia espiritual en mi ser.

La isla

Una hermosa barca de color café navegaba apresuradamente hacia una isla desolada; el mar tenía un color azul tan tranquilo que las ondas del océano se movían sin hacer ruido. Los remos de los viajeros rasgaban el agua salada, con el afán de llegar a una tierra sagrada. El sol y las gaviotas que decoraban el cielo azul, motivaban naturalmente a los jóvenes viajeros.

El tiempo pasó y la bella barca llegó hacia la isla solitaria, con los exploradores muy agotados por el infinito viaje marítimo. Sin decir más palabras, la isla desierta por primera vez se sintió feliz.

(Aquella isla desierta se encontraba sola desde hace cincuenta años, sin que nadie la visitara, sin que nadie nadara por su mar azul).

"No olvides a tus amigos del ataño, visítalos. Porque la amistad es un tesoro que se debe conservar".

La luz

La luz explota como un volcán en erupción,
expulsando el fulgor sobre la Tierra,
iluminando todos los valles verdes
y ciudades enteras de nuestra vida humana.

La luz es la paz interior de mí ser,
que me protege de la oscuridad mundana.

La luz me custodia al caminar por las aceras,
guiándome con su humilde bondad hacia mi destino.

La luz.

La magia de Santa Claus
El orfanato

Todo comenzó en una noche, cuando Santa Claus concluyó su labor de repartidor de regalos; antes de partir con sus renos se acordó de los niños de los orfanatos, que es el lugar donde permanecen los desamparados. Sin esperar más se dirigió con su trineo mágico al Orfanato Williams, ya que era una modesta institución que cuidaba de día y noche a los niños. Unos minutos más tarde, el trineo navideño llegó a su objetivo que era la institución infantil. Después al permanecer en la nieve blanca, Santa Claus se bajó del trineo y entró con mucho cuidado para que los infantes no lo escucharan, con el fin de mantener la ilusión de los milagros navideños.

En ese momento un niño lo vio adentro del lugar colocando los regalos en el piso y le preguntó. – ¿Es usted Santa Claus? –. Santa lo miró y le sonrió. – Feliz Navidad hijo, jojojo. – Y lo abrazó al infante. Adrien así se llamaba el pequeño sólo le pidió un regalo. – Señor Santa Claus, usted que es una bendición de la Navidad, por favor concédame un regalo muy importante para mí, ya que no son juguetes como le pido cada año que pasa; solamente quiero una familia que me quiera y que me acompañe en mi soledad, y un hogar donde me sienta a gusto. – Santa lo siguió observando y le respondió unas bellas palabras al niño.

–En el algún tiempo hijo, alguien te amará como nunca, porque el amor es la única medicina que cura cualquier dolor y soledad. Lo acarició del pelo con su guante blanco y tomó de su bolsillo rojo de su vestimenta una piedra negra muy especial.

Al mostrarle la piedra al infante se la puso en la palma de su mano. –Cuando me vaya, pon por favor debajo de tu almohada esta piedra, cierra los párpados un momento para que cuentes en tu mente del uno al cinco–. Adrien le dijo – Me parece muy bien señor –.

***

Luego de la breve charla, Adrien se dirigió hacia la habitación donde se hallaban dormidos todos sus compañeros del orfanato, para hacer el mágico conjuro navideño. En seguida el inocente niño con mucha ilusión se acostó en su cama y puso su piedra negra debajo de su almohada, cerró sus párpados para contar los números en su mente. – Uno, dos, tres, cuatro, y… Cinco. – Abrió los ojos lentamente el pequeño y vio una luz resplandeciente que entraba por la ventana de su habitación. Se incorporó de espaldas junto a la cabecera de su cama y miró a su alrededor para observar a sus compañeros del orfanato. Sin embargo nadie se encontraba en aquel lugar porque ya no era la habitación donde dormía por años. Inexplicablemente se encontraba en una recámara elegante, muy distinta a la alcoba del orfanatorio.

¿Dónde estoy? –. Se preguntaba el chico. Bajó sus pies de la cama y caminó por una enorme alfombra hacia la salida de la habitación; sujetó la manija de la puerta con su mano derecha y la abrió en su totalidad, en seguida asomó su rostro para mirar lo que había afuera y contempló con su vista. Afuera de la habitación se hallaba un corredor muy lujoso que impresionaba mucho al verlo, por sus candelabros de cristal cortado, que iluminaban brillantemente. En las paredes de madera se encontraban colgados unos retratos de unas personas que jamás había visto en su vida, y eso le provocaba una extraña sensación de miedo.

Adrien seguía observando todo con mucho interés, por el cual su curiosidad era tan grande que lo obligaba a abandonar la alcoba, para explorar el sitio extraño. Todo el pasillo mostraba una elegancia exquisita porque estaba decorado con jarrones de porcelana y diversas cosas. Adrien con pasos lentos caminaba y caminaba, hasta que llegó a una escalera de madera. Al estar junto a la escalera tomó valor suficiente y decidió bajar sin tener miedo a lo desconocido. Al descender por la escalera encontró a dos personas sentadas en una sala, ya que se trataba de una pareja de jóvenes esposos. – ¿Hola, quienes son ustedes? –. Les preguntaba Adrien a los extraños. En seguida lo miró sonriendo la dama y le respondió. –Cariño soy tu madre, ¿qué te pasa pequeño?–. El otro sujeto le contestó. –Soy tu padre, ven hijo. – Abrió sus brazos para darle un delicado afecto al niño. Adrien sin pensarlo soltó una sonrisa muy feliz y corrió hacia sus padres para abrazarlos cariñosamente. Emily su madre lo acarició del pelo y le hizo un comentario. –Adrien ya no deberías jugar video juegos por la noche, jajaja, parece como si fuéramos unos extraños para ti hijo –.

El pequeño al estar junto a sus padres, vio un árbol verde de la Navidad y dijo. ¡Feliz Navidad!

Santa Claus con su increíble magia, le había concedido a Adrien su deseo de tener una familia y un hogar armonioso. ("Los padres que le obsequió eran verdaderos no adoptivos").

La magia de Santa Claus
El desahuciado de muerte

Santa Claus siguió viajando por el cielo oscuro bajo el relámpago de la luna, sin embargo Rodolfo el reno, el líder del trineo le comentó una trágica historia a su jefe bondadoso. – Santa, tengo un amigo que necesita ayuda. – Terminó de hablar el reno. Santa Claus le respondió muy serio. – ¿Quién necesita ayuda Rodolfo?–. Rodolfo le contestó. –Ve esa casa de color salmón, junto a esos dos árboles señor. – Santa observó con detalle el panorama y dijo. –Sí, veo la casa, ¿quién vive ahí Rodolfo? –. En seguida el noble reno le contó con detalle. –Allí se encuentra un joven adolescente llamado John, tiene una enfermedad incurable. – Hizo una breve pausa y continuó diciendo. – Apenas tiene quince años de edad y ya padece de un cáncer cerebral, muy malo.

Santa Claus lo interrumpió diciendo. –Vaya historia, pobre chico. Rodolfo el reno con su honestidad terminó de contarle la historia del joven enfermo. – En la carta que escribió para nosotros, puso su deseo de Navidad al final del texto… Por lo que es el tesoro más grande del mundo, que es la salud –.

– ¡Es el obsequio más valioso de todo el mundo!, ¡iremos por John Rodolfo! –.Le dijo Santa Claus. Posteriormente se dirigieron rumbo a su misión, al lugar donde se encontraba el joven John. Aterrizaron el trineo junto a unos árboles de luces navideñas, que se hallaban cubiertos de nieve blanca.

El joven adolescente no escuchaba nada de lo que pasaba afuera de su ventana porque dormía profundamente en sus tristes sueños.

***

Hasta que se empezaron a oír unos cascabeles navideños por afuera de la ventana del joven enfermo, que lo despertaba de sus sueños de muerte, dejándole salir una sonrisa de sus labios. Sin tener miedo a lo que había escuchado le preguntó al espíritu de la Navidad. – ¿Quién anda ahí? –. Santa Claus le dijo afuera de la ventana. –Soy Santa Claus, ¿me permites pasar John?–. Con muestra de educación, John le permitió que entrara a la habitación donde él se encontraba. En respuesta Santa abrió la ventana con sus guantes blancos y entró con su costal de obsequios muy silenciosamente para no despertar a nadie, ya que Santa Claus respetaba el sueño de todas las personas.

– ¡Hola John!, feliz Navidad Jojojo. – Le mencionó estas palabras para alegrarle un poco su vida triste. Rodolfo el reno asomó su rostro por la ventana y le comentó a John. – Hola amigo, recibimos tu carta en el castillo de Santa Claus, por el cual nos pediste un gran tesoro que nadie puede obtener fácilmente, que es "la salud". También dijiste que estas desahuciado de muerte; por esa razón vino el espíritu de la Navidad ante tu presencia, para que obtengas tu anhelado deseo–.

John con su sonrisa miró a Santa Claus, para decirle su deseo navideño. –Santa, tú que eres todo bondadoso, que obsequias a todos los humanos felicidad y paz, regrésame la salud que he perdido por favor, ya que mi alma se muere poco a poco–.

Acariciando su larga y abundante barba blanca, Santa Claus decidió concederle su regalo de Navidad. Tomó de su costal de regalos un pequeño jarrón de color gris, en el cual se encontraba un polvo mágico, brillante y especial. Inmediatamente regó toda la pócima mágica sobre John, cuerpo y alma, del inframundo a la vida. El joven adolescente comenzó a cambiar desde adentro del cuerpo. La piel pálida y muerta empezó a tomar color de vida, era un milagro en esa noche invernal de esperanza.

Santa le dijo por última vez. – Duérmete, y vive tu vida John, feliz Navidad–.

John con alivio en el cuerpo y alma cerró los párpados, y los mantuvo cerrados hasta escuchar las melodías de los pájaros ruiseñores, que cantaban hermosamente en una mañana de felicidad. La madre del joven entró a la habitación para llevarle el desayuno a la cama, sin imaginar que el milagro se había cumplido en aquella noche. –Hola John, te traigo tu desayuno, espero que te guste. Vio a su hijo de espaldas mirando por la ventana. –Hola hijo, que haces? –. En ese instante John la miró con sus ojos. Ya no era el John desahuciado de muerte, si no el John de vida. Su cabeza que mantuvo por mucho tiempo sin pelo ahora tenía abundante pelo, sus ojos enfermos ya brillaban de sanos. Kristen la madre del joven dio un grito de emoción. – ¡Estas sano!–. Con lágrimas en las pupilas lo abrazó fuertemente a su hijo, y le dijo. – ¡Santa Claus te obsequió lo más anhelado del mundo! "la salud"–.

John," el joven desahuciado de muerte" se curó del cáncer cerebral, gracias al milagro de Santa Claus.

La magia de Santa Claus
Los miserables

Antes de que el reloj marcara las dos de la madrugada y el tiempo se acabara para entregar todos los obsequios deseados de cada ser en la Tierra, Santa Claus y sus renos navegaban bajo las sombras heladas del sentimiento, tolerando la nieve fresca que congelaba como los témpanos de hielo del Polo Norte. Los renos jóvenes, fuertes como el acero, volaban mágicamente de norte a sur de este a oeste, cada segundo que recorría la manecilla del tiempo. Sin embargo Santa Claus observó desde el cielo a un hogar bastante humilde, que daba tristeza mirarlo por la falta de recursos. Por ejemplo, la casa estaba construida con láminas oxidadas, la puerta que debería estar colocada en el hogar, sólo se hallaba una cortina vieja que tapaba la entrada principal, utilizaban un pequeño foco para poder iluminar, y por último tenían un pequeño televisor en blanco y negro.

Adentro de la casa habitaba una familia demasiado pobre, sin esperanza alguna. Benjamin un padre de familia apenas le alcanzaba para mantener a su esposa y a sus cinco hijos pequeños. – ¡Todo parece, que este año va estar peor!–. Decía Benjamin desesperado.

Ahora se mencionará una breve descripción de la vida de Benjamin Walker y su amarga vida de duro trabajo.

Cada mañana después de tomar un café sin pan, salía hacia las calles a ganarse la vida, haciendo espectáculos a los conductores de autos, como malabarista, usando fuego por la boca, poniendo vidrio cortante sobre su espalda lastimada y limpiando autos.

La labor de Benjamin lo consumía día tras día, por la pobreza que existía.

Regresando a la casa humilde de Benjamin.

Benjamin les decía tristemente a sus hijos. −No saben cómo lo siento, pero esta Navidad la vamos a olvidar, porque no nos alcanza el dinero. − Bajó la mirada el infeliz hombre. −Santa Claus sólo está para los que gozan de fortuna y alegría. −Terminó de expresarse. − Vámonos a dormir. − Decía con melancolía.

***

Santa Claus afuera del hogar seguía mirando desde el cielo y comentó. −Vaya hombre sí que la vida lo ha tratado muy mal, ya que ha perdido la esperanza de la Navidad y la fe en Santa Claus; Rodolfo vamos ayudar a ese hogar, que necesita de nuestro apoyo. − Rodolfo le contestó. −A sus órdenes Santa. − Rápidamente el trineo de los sueños descendió a un lado de la casa humilde.

Santa Claus el espíritu de la Navidad, se bajó nuevamente de su trineo para dirigirse a su destino. Mientras en ese instante la familia humilde se hallaba durmiendo en su cama vieja sin ninguna esperanza en la vida.

Los clásicos cascabeles navideños se empezaban a escuchar por todos lados despertando únicamente al padre de familia Benjamin Walker. El joven trabajador al escuchar esos raros sonidos abrió sus párpados, posteriormente se levantó de su cama preguntándose ¿qué era eso?

[91]

Caminó con pasos lentos con dirección a las melodías que sonaban como cascabeles, sujetó la cortina vieja con su mano derecha, y posteriormente asomó su rostro afuera de la calle, con el corazón vibrando muy fuerte. Bajo la luz de la luna con nieve escarchada en el piso, observó un trineo de color rojo, en el cual se encontraban sujetados con unas riendas de oro, nueve enormes renos. El líder de los renos se distinguía con una nariz roja y un cascabel de oro sobre el cuello del animal. – ¿De dónde salieron esos animales? –. Decía con asombro al verlos en aquella noche. Benjamin al recordar los legendarios renos de Santa Claus, se le escapó una ligera sonrisa al contemplarlos allí. –Jajaja, ¿acaso ustedes son los famosos renos de Santa Claus? –. Les preguntaba a los seres mágicos. De pronto, alguien le agarró su hombro izquierdo delicadamente. –Feliz Navidad Benjamin jojojo. – Decía Santa Claus.

Benjamin al saber que era el milagroso Santa Claus, se le iluminaron los ojos de alegría. –Hola Santa. – Fue todo lo que dijo al mirar al espíritu de la Navidad, que llenaba de armonía y paz. Desde luego que Santa Claus le hizo un comentario. – Benjamin amigo mío, sabemos de tu estado de ánimo, y de tu difícil vida que has llevado. – Le dio unas palmadas de afecto sobre su espalda y continuó diciendo. – Queremos que esta Navidad cambies de vida. – Benjamin al escuchar las palabras del espíritu bondadoso le reclamó. –Pensaba que tú ayudabas a los ricos, no a los miserables como nosotros. –Concluyó su conversación. Santa le respondió. –Te equivocas Benjamin, la magia de la Navidad es para todos los seres vivos que habitan en este precioso planeta Tierra, y vine hacia ti para obsequiarte un bonito regalo, sólo dame un minuto para entregártelo–.

Santa Claus caminó hacia su trineo y buscó en su costal rojo un objeto en el cual entregar. Al encontrarlo lo tomó con sus guantes blancos y se lo mostró a Benjamin.

Se trataba de un anuncio muy especial, un empleo en el "Circus brothers", el espectáculo más grande del mundo, ¡el circo más extraordinario! La única oportunidad de ser el más exitoso "malabarista". Benjamin con lágrimas en sus ojos no podía creer lo que estaba presenciando. Un empleo en el que siempre soñó desde niño. –Muchas gracias Santa Claus, gracias por cumplir mi regalo de Navidad. – Se abrazaron mutuamente. –Feliz Navidad- decía Benjamin.

El Circus brothers presentó a Benjamin Walker ante su público. Dejó de ser pobre para convertirse en una súper estrella.

Santa Claus al cumplir su misión de entregar los regalos dijo. – Regresaremos en el próximo año, jojojo. – El trineo desapareció a la velocidad de la luz.

Fin.

La muerte de un toro

Cada noche en la inmensa melancolía de mi tormento, es tristemente mi final, me duele profundamente mi corazón, que estalla de terror y pavor al saber que moriré en la Plaza de toros, por lo que es conocida mundialmente como la fiesta brava del dolor y sufrimiento. Quiero tener un segundo más de vida en este corral, para despedirme de mis hermanos que me miraban con sus ojos a punto de llorar, y decirles con mí mirada vacía. –Hoy me toca morir–. Sé muy bien que al salir de este lugar mi vida se desvanecerá, porque las famosas (banderillas) que atraviesan sin piedad a los toros, provocan una agonía infinita, llena de sangre animal.

En seguida una puerta se abrió y salí del corral para tener mi sádica muerte. Caminé directo al público y vi las sonrisas de la gente, que observaban la cruel diversión. Después con mis ojos de toro miré de frente a un torero que vestía un "traje de luces" muy espectacular.

Mi tranquilidad se perdió de inmediato porque vi a unas personas con unas banderillas de colores, acompañados de unos picadores a caballo, y un capote de color rojo, en manos del torero. Toda esa gente me daba terror al mirarlas, por sus infames armas mortales. En cambio el "matador" no tenía ningún temor de lo que iba a pasar en la fiesta brava, ya que todo era parte de una masacre cultural.

Sin perder más tiempo la corrida comenzó con una serie de pases con el capote, con el fin de probar mi embestida y bravura.

Al terminar la observación del torero, dejó pasar a la arena a dos picadores, con lanzas largas y puntiagudas, bajo el lomo de diversos caballos. El inicio de la sangre empezaba con una fuerte batalla entre un caballo y yo, que me hacia enojar por la provocación del ejecutor. Seis o diez ataques al caballo, fueron los suficientes para destrozarle las viseras. El segundo caballo que se hallaba en la escena violenta, se me abalanzó con toda su fuerza. El picador con su ira lanzó su lanza de madera en mi joroba, haciéndome sangrar brutalmente por toda la arena.

El siguiente turno les correspondía a los banderilleros, por el cual se hallaban en la esquina del recinto. La cólera y frustración de mi ser, me obligó a que me acercara hacia los torturadores. La primera banderilla entró muy fuerte a mi hombro derecho, la segunda en el izquierdo, y las demás penetraron tanto, que mis lágrimas se escurrirán de mis ojos taurinos.

El matador entró de nuevo a la arena con una capa roja, sujetando un palo de madera en una mano y una espada en la otra. Y comenzó a torearme como nunca.   ¡¡Olé!! ¡¡Olé!! ¡¡Olé!! ¡¡Olé!! ¡¡Olé!! ¡¡Olé!! Y Olé.

***

Antes de que dejara de respirar mencioné unas palabras al aire, con el objeto de reclamar fuertemente a la vida y a los seres humanos.

– ¿Por qué mi madre me trajo al mundo?

– ¿por qué naci para ser acribillado injustamente por los humanos?

– ¿por qué los hombres son tan crueles?

– ¿por qué matan animales como diversión?

– ¿por qué nos humillan de esa forma?

¡¡Porque nos asesinan!! ¡¡Si somos parte de la misma Tierra!! Muchas preguntas y reclamaciones se hacia el infeliz toro sin recibir una respuesta…

Sin más reclamos, el toro perdió la batalla contra "el matador".

La última banderilla que causaba un intenso dolor al inocente toro, era una delgada espada de color gris que tenía el torero en su mano. Con su sonrisa fría y soberbia, el hombre que trabaja para divertir al público, clavó su estoque en el omóplato del toro y acabó con su vida para siempre.

La sociedad aplaude de mi lamentable muerte y de mi cuerpo destrozado.

Fin.

La nostalgia de la Sirena

Eran las once de la noche, y el novio de la Sirena no se presentaba a la cita del amor. La desesperación que tenía la Sirena no la dejaba estar en paz, y fue cuando dijo unos versos poéticos al amor. ¿Dónde estás mi amor? ¿Por qué me has abandonado? ¿Por qué me has olvidado? Si yo te quiero mucho. Será porque ya te aburrí, será porque ya no te gusto, o será porque no puedo ser como las demás mujeres, (normales).

Vuelve amor, vuelve aquí, para saber si me amas de verdad o simplemente fui un objeto de diversión para ti. La nostálgica Sirena lloraba por la ausencia de su amado, que la había dejado olvidada en un estanque de agua salada. Y así pasaron semanas y meses, y aquel hombre que la amaba tanto jamás volvió, porque él ya se había casado con otra mujer "normal" cómo decía la pobre Sirena. Al sentirse traicionada y humillada por el amor, la triste Sirena regresó al mar abierto para nunca regresar al mundo de los humanos.

La silueta mística

Una breve historia paranormal (La silueta mística).

   Una corriente de aire entró por la rendija de mi ventana y me causó un tremendo escalofrío al sentir esa brisa fría del cielo invernal. Yo me cubría del frío con una cobija sencilla, en aquella noche oscura sin estrellas. De pronto en mi alcoba escuché un ruido estremecedor, que me causó un tremendo miedo y dije. – ¿Quién anda ahí?, ¿quién anda ahí?, ¡responda!–.Sin embargo nadie me contestaba. Inmediatamente me levanté de mi cama para investigar el ruido extraño que había escuchado. Caminé con dirección hacia el apagador de la habitación para encenderlo, pero no lo pude prender porque se me apareció una sombra enigmática. El pavor que tenía no me dejaba hablar, al ver ese fenómeno paranormal. El ser de las sombras me dijo simplemente. – Se ha terminado tu tiempo –.

   No pude decirle nada al fenómeno extraño, porque mi corazón dejó de latir.

Poesía en prosa de la Silueta mística.

No es humano, ni es un espectro malvado, sólo es una triste realidad. La que nos separa de la existencia, la que nos guía sobre las tinieblas del extraño mundo fantasmal. Estamos todos en su lista ya sean pobres o ricos, sin distinción de razas o economías. Ese ser del que hablo es… Es esa silueta mística que no la vemos hasta que nos llega la hora es… La muerte.

La soledad

La soledad es fúnebre, la soledad es gótica,
la soledad mata poco a poco,
la soledad me vuelve loco.

La soledad es un arma mortal,
la soledad me consume desde
adentro y no me deja respirar.

La soledad es un vacío,
la soledad es tristeza,
la soledad destruye,
la soledad es un infierno frío.

La soledad me transforma en nada,
la soledad me hace viejo,
la soledad…
Es el peor castigo de la vida.

La soledad.

L' amour

Cuando eres mágico con las palabras, embrujas al ser amado con todo el corazón. Es el lago refrescante, es el alma que vale mucho, es el sol radiante en un despertar. Cuando uno ama de verdad, no te fijas en la nacionalidad, ni la apariencia, ni la economía. Solamente en los sentimientos de la persona.

El amor es tan delicado que se puede marchitar como una flor del jardín. Por eso se debe regar agua diariamente a la tierra del amor, para que no se muera. Cuando el amor es verdadero no esperas nada a cambio, como la conveniencia del dinero, ni lujos extravagantes, únicamente el cariño es lo que importa nada más.

Una dedicatoria,
una sonrisa,
un beso de amor,
revive el que no está en la Tierra.

Unas palabras,
un abrazo,
una caricia,
una mirada,
un solo ser que ama sin parar.

Amor, ilumina todo el infinito negro.
Corazón, ama todo mi pasado.
Silencio, transfórmate en voz para decir los versos.
Amante del amor, amante del cielo azul eso es L'amour.

Las verdades del ser que mira en un espejo

Hoy me levanté igual que ayer,
viendo mi rostro en un material sólido y cristalino...

Ese ser que madura,
esa alma que llora,
ese sujeto que se mira en un espejo,
se muere en su propio tormento.

Me quejo de mi rencor interior,
y de mi triste oscuridad,
cuando comprendo totalmente
la dura realidad.

No demuestro mis sentimientos,
ni soy un buen servidor,
porque soy un ave que no tiene alas
para volar.

Es mi castigo estar aquí,
por ser una persona cruel y malvada,
ahora me encuentro solo en un asilo para ancianos.

Estas verdades del ser que mira en un espejo,
las grito cada día, para desahogar mis penas
de agonía.

León

Inmensa fuerza,
indestructible voluntad,
líder de la fauna,
poderoso ser que jamás se rinde.

León.

Letras tristes

Me estoy muriendo de tristeza,
al recordar tus bellos ojos de princesa,
que me hacían tan feliz.

Lluvia de junio

La lluvia de junio es la estación más detestable del verano, porque deja su estanque de agua por todos lados; incluyendo el temido "granizo" que se apodera de las calles y avenidas. La lluvia que se derrama de las nubes causa mucha molestia a los transeúntes, porque se mojan, se resbalan, se resfrían y por consecuencia se detiene el sistema de transporte.

No sé porque este domingo llueve sin parar, ¿será porque los huracanes se han apoderado de la caliente canícula?, ¿o será porque la naturaleza se purifica?

Luna de los enamorados

Qué bello es…
Cuando los enamorados se besan bajo la luz de la luna,
mostrando al mundo entero el amor verdadero,
que tanto envidian los amargados olvidados,
que miran por las ventanas con anhelo.

¡Ay luna de los enamorados!
Amante nocturna, ilumina con tu luz a los apasionados.

¡Ay luna del amor!
Alumbra con tu sencillez a los que besan profundamente.

¡Ay luna de fuego!
Conviértete en lumbre para que los amantes y novios,
exploten en llamas de placer carnal.

¡Ay luna llena!
Nunca dejes de inspirar a los enamorados.

Luna de los enamorados.

Luna

Luna, luna, luna
amante del sol,
fuerte y modesta
que ilumina la ciudad.

¡¡Oh cielo oscuro!!

Me pintas de negro
bajo la mirada de la luna,
que me vigila en mí caminar.

Luna blanca,
señora de las tinieblas,
me visitas con tu luz, sobre mi ventana.

¡¡Oh luna!!
¡¡Oh luna!!

Te admiro tanto como el sol y las estrellas.

Luna.

Mar azul

El mar azul se despierta de su largo sueño,
cuando nadamos sin permiso en sus olas azules,
que relinchan como los caballos salvajes,
al disfrutar de su inmensa naturaleza.

Las gaviotas vuelan muy alto,
sobre las rocas sólidas de fuego,
que arden tanto como el infierno,
que nos quema al mirar su beldad.

Las aguas se rebelan,
las arenas se mueven,
el sol brilla con su esplendor,
dando su mejor presentación.

Ese color de ese mar azul es tan especial,
que nos hechiza con su hermosura,
para que nunca nos alejemos
de su candoroso corazón.

Mar azul.

Mar de pasiones

He decidido viajar con mi bote al océano de la pasión, con el propósito de conocer y estudiar a las distintas especies marinas de las aguas saladas. Mi equipo de buceo se encuentra al cien por ciento para navegar con seguridad por todo el bello piélago.

No me da miedo estar solo en aquel lugar, porque sé muy bien que hay peces amigables, y delfines cariñosos. Eso me motivaba mucho para realizar mi labor de buzo. Al llegar a mi honorable destino, salté de inmediato a las profundidades, y contemplé con mis ojos, las deidades marinas.

Mar de pasiones.

Mariposas de primavera

Veo unas mariposas de primavera
con sus delicadas alas de terciopelo,
con relucientes colores,
en la mañana jubilosa.

¡¡Sol del horizonte!!
Que alumbras todo el perfecto panorama;
induces a que vuelen las hermosas mariposas,
llenas de cáliz de fuego.

Los borregos que daban vueltas en sus corrales,
veían a las maravillosas mariposas de primavera,
que vagaban de un lugar a otro.

Toda la parvada de mariposas, volaban y volaban
hasta llegar a su hogar,
que eran las plantas y lo árboles.

Mariposas de primavera.

Memorias de un árbol

Hoy plantaste mi nacimiento sobre una tierra que dará vida, me construiste un hogar en un bosque limpio y saludable, acompañado de agua limpia y un sol radiante, para que creciera como un titán de naturaleza pura. Mi cuna y mi alimento fue tu amor hacia mí, hasta que me desarrollé completamente en un majestuoso árbol milenario.

Tú me contabas tus penas y alegrías,
tú me regabas agua para seguir con vida,
tú me acompañabas en mis tardes de invierno,
tú me abrazabas cuando te sentías solo.

Una incurable enfermedad acabó con tu vida, para alejarte de mí eternamente; dejándome solo en mi mundo natural, que me acompañaba con su hermosa fauna.

"Yo árbol, que nací de una raíz. Agradezco tu dedicación, tu entusiasmo, tu alegría, tu compañía, tu humildad, y la vida en este planeta".

Aún sigo con nostalgia, a pesar que han pasado cien años después de tu partida, mi llanto y soledad ninguna persona lo siente, porque piensan que los árboles no sienten dolor, ni alma interna.

Los pájaros me cantan para alegrar mi vida, la lluvia se derrama en mis hojas verdes para seguir respirando. Si hay gente visitándome, reunida en muchas cantidades, pero su compañía no llena el vacío que hay en mi interior.

No puedo resignarme, no puedo resignarme...

Espero el final del tiempo, para reunirme contigo, porque este rio de llanto ha destruido mi corazón de árbol.

Mi inmortalidad

Te dedico una canción apasionada,
te acompaño en las tardes frías,
te abrazo para que no te sientas sola,
te recuerdo siempre cuando no estás en casa.

Imagino una playa azul para que tú estés relajada,
reto a los demonios para que no te hagan daño,
un beso remedia el mal humor.

Los globos flotan con alas
para qué viajes por todo el mundo,
una carta la escribo con emoción y sentimiento,
para que la leas con tus ojos de sol.

El fuego se transforma en agua fresca,
para que nades libremente sin miedo a morir,
romance y seducción desenfrenada,
es como morder una manzana prohibida.

Me sigues recordando con velas y flores
después de mi partida,
me sigues acariciando delicadamente
en mi retrato del ayer,
me sigues visitando en mi lápida de piedra,
aun cuando te he abandonado para siempre.

Mi cuerpo está enterrado bajo tierra sin vida,
pero jamás mi alma te abandonara.

Mientras duermes

Mientras duermes,
te contemplo con mis ojos aferrados a ti,
acaricio tus mejillas suaves, y beso tu espalda blanca,
baño tu esencia en mi corazón de amor.

Hay un silencio total,
cuando te contemplo con mis ojos aferrados a ti,
en cuanto oigo tú respirar,
sólo te observo mientras duermes
princesa dormida.

Cuando amanezca,
sé que tú volarás con tus alas de águila,
y regresarás a tu nido con tus crías,
y esperarás otro día más,
para volvernos a encontrar.

Mientras duermes.

Muerte silenciosa

Aquellas personas que fuman cigarros diariamente no se dan cuenta que se van consumiendo poco a poco sin que puedan hacer algo al respecto; sin embargo sabemos perfectamente que el gas cianhídrico y el alquitrán te queman gravemente los pulmones, la faringe, el colon, y otras partes importantes del cuerpo humano. Es cierto que todos esos componentes químicos a largo plazo te asesinará con el terrible y doloroso (cáncer) en todos los aspectos.

El refresco de cola que es muy delicioso también te ocasiona un peligro para la salud porque en sus químicos que son elaborados en las fábricas, te producen unos efectos secundarios muy malos como: la desmineralización de los huesos, nerviosismo, y trastornos gastrointestinales. En casos excesivamente graves te puede provocar: osteoporosis, cáncer de tiroides, y leucemia.

Posteriormente cuando se bebe en muchas cantidades el alcohol, te crea lamentablemente una grave enfermedad que no tiene cura ya que es la "cirrosis hepática". Esta enfermedad te destruye sin piedad el "hígado", moliéndolo lentamente hasta hacerlo pedazos. Los trastornos de esta cirrosis se pueden identificar como: la pérdida de peso, vómitos, y evacuaciones en el inodoro con sangre. En la actualidad existe una posibilidad de sobrevivir, por medio de un trasplante de hígado, siempre y cuando sea compatible el órgano del donador.

Consumir drogas te daña gravemente el cerebro y el cuerpo entero, por el cual los efectos nocivos son: alucinaciones, inhabilidad para comprender cosas claramente, capacidad sexual reducida, pánico, ansiedad, depresión, ritmo cardiaco elevado, privación de sueño, pérdida de apetito, estrechamiento de vasos sanguíneos, incremento del ritmo respiratorio, nauseas, presión alta, daño renal, pulmonar e hígado etc.

Tenemos que comprender y razonar que estos tipos de vicios te llevan directamente a la muerte, "por la llamada sobredosis". Que es una muerte fulminante.

Las famosas dietas para "bajar de peso" es un riesgo para la salud, cuando se utilizan píldoras "mágicas" para combatir el "sobre peso". Si logras bajar kilos pero a la sepultura irás. Porque en algunos casos te llega a dar (hepatitis c, cáncer, y otras enfermedades). Muere la vida en cada píldora que tomas.

Conclusión.

Cada ser humano sabe perfectamente que las adicciones y los malos hábitos causan muchas desgracias para el organismo, sin embargo no lo queremos entender por diversas razones. Tal vez por ignorancia, o por irresponsabilidad.

Muerte silenciosa.

Muerto en vida

Mi cuerpo está dormido,
aunque mi cerebro esté despierto,
mis ojos cerrados duermen,
mi voluntad es seguir viviendo.

Es frágil la esperanza
al ver mi cuerpo tendido en una cama
de hospital,
al permanecer en estado de coma,
es como estar muerto en vida.

Muñeca de porcelana

Unos lindos ojos de cristal profundo,
alegra la fantasía del soñador,
una cabellera dorada brillante,
enfoca las miradas de atención,
unos labios de fuego incandescente,
seducción de mujer.

Figura perfecta del universo,
perla encontrada del mar,
primavera de ruiseñores,
encantadora voz de Sirena perdida en el altamar,
nombre sin olvidar al pronunciarlo,
deseo concedido de genios, oro y marfil juntos,
eso significa una sola cosa majestuosidad.

Muñeca de porcelana.

No todo es gris

El viento sopla con mucha fuerza en el jardín,
las nubes colisionan y provocan relámpagos,
parte del día permaneció lluvioso por un instante.

Después entre las nubes grises,
los rayos solares volvieron a conquistar la tarde
del jueves.

Noche eterna

Esta aflicción fúnebre se derrama en todo mi cuerpo,
y no me deja estar en paz, por la ausencia de tus besos,
que me han cambiado por otros labios
diferentes a los míos.

Noche eterna.

Es una tortura emocional
que me lleva a la melancolía,
en lo cual me hundo en lo más profundo,
de las tinieblas de la depresión.

Noche eterna.

Es una desesperación extraña
que no me deja dormir,
una ansiedad que me destruye el corazón,
al pensar en ti.

Noche eterna.

Es una manzana que cada vez se hace
más podrida sin ninguna piedad,
dejándome olvidado en un lugar siniestro,
¡ya no lo puedo soportar!

Noche eterna.

Es mi lamento, es mi vacío,
es mi castigo estar en la noche eterna,
acompañado por los fantasmas oscuros
que me observan en silencio.

Noche eterna.

Mi alarido y mi corazón están hundidos
en mis oscuridades tristes,
esperando la llegada de ti.

¡Oh noche eterna!
¡Oh noche eterna!
Que la luz entre para poder vivir.

¡Oh noche eterna!
¡Oh noche eterna!
Que la luz entre para poder vivir.

Noche eterna.

Nocturno

Ven acércate mujer, no tengas miedo por mi apariencia extraña, sólo quiero bailar un poco contigo. Ven mujer mortal, que al final de esta danza sensual, te voy a mostrar quien soy en verdad. Al darte confianza te acercaste a mi frío cuerpo, y tomé una de tus manos delicadas y la besé con pasión. Tú Julieta, con tu sonrisa angelical observaste mis pupilas, que se asemejaban a un terrible Dragón.

Al tomar tu mano izquierda comenzamos a bailar alrededor de unas velas que formaban un círculo en el piso. Después en el transcurso del baile te abrasé con todas mis fuerzas anormales para besar intensamente tu cuello blanco, con la negra intención de morderlo para poderme alimentar.

La sangre fresca que recorría por tus venas me hacía perder la razón y la paciencia, al sentir tu piel suave sobre mis labios muertos. Tú Julieta, me decías al oído que te hiciera el amor; yo al escuchar tu petición excitante no dude más y decidí morderte profundamente en la garganta con mis colmillos hasta quitarte toda la sangre...

Julieta gimió de placer y dejó de respirar...

Al concluir mi sesión de Nosferatu, mi existencia es lo que más me importa, sólo la sangre me da la vida, para que este monstruo nocturno viva cientos de años sin tener una paz interior. Viajo por las ciudades, conquisto diferentes presas, me alimento por las noches y duermo por las mañanas. Soy un muerto que no ha muerto, soy el ser de la oscuridad que bebe la sangre para poder existir.

Oscuridad

Hace un par de días que dejé de ser una persona normal, porque mi alma se ha transformado en una pesadilla paranormal; que ha llegado a espantar a personas y animales por todos los rumbos de la ciudad. Toda esta amarga realidad me ha hecho sentir desdichado, olvidado, y exiliado de mi propia tierra, dejándome en una soledad inmensa. Aun no sé porque esta oscuridad no quiere que entre la luz del sol. ¿Será porque quiere torturarme más?, ¿en esta negra noche? O tal vez quiere que siga ahuyentando a los seres vivos que caminan por las aceras. Pero, ¿qué pasará conmigo cuando amanezca?, ¿seré libre como los pájaros?, ¿o seré una energía nada más?

Antes de que dijera más preguntas al cielo, una silueta negra se me apareció de repente, diciéndome lo siguiente. – He venido a rescatarte de este mundo de los vivos, vámonos. –Terminó su dialogo aquella misteriosa sombra. Yo al ver esa presencia del inframundo que me hablaba mutuamente a mí, le hice una pregunta. ¿Quién eres tú?, y aquel espíritu extraño me respondió. – Soy la Muerte, y he venido por ti para llevarte al más allá, vámonos–.

Sin decir una palabra más, no me quedo más remedio que aceptar la invitación de la Muerte, para que me llevara al mundo de los muertos.

Palabras honestas

Los versos que muestro a continuación, es una expresión real de la humanidad y su filosofía...

*Los monstruos nos espantan por debajo de nuestra cama,
pero sabemos en realidad que esos seres no existen.

* Las telenovelas siempre terminan en una boda, en la vida real no termina así.

* La hora del tiempo es de veinticuatro horas, la impaciencia se muere cada segundo del reloj.

* El olvido se pierde en un espacio negro, los buenos recuerdos los guardamos en el corazón.

* Las penas se hunden en un abismo, cuando nos ponemos a llorar en un rincón.

* Los días tan largos, las noches tan cortas.

* Hay gatos que buscan un hogar, pero no lo llegan a encontrar, porque hay gente que no les gustan los felinos y los rechazan como una basura.

* Los embarazos no deseados los aborrecen las mujeres jóvenes, por lo cual abandonan a sus bebés en unos botes de basura sin tener ningún remordimiento y compasión.

* Los amigos se escriben por e-mail, lo bello es recibir sus correos.

* Los momentos felices, los momentos fúnebres.

* El dinero no alcanza, porque la infame inflación así lo indica.

* El anti social odia a las personas, pero lo olvida cuando trabaja.

* El soltero se quiere casar, el casado quisiera estar muerto, la esposa pide el gasto, el esposo pide placer.

* El calendario tiene 365 días, la rutina tiene 1000 días por año.

* El trabajo es bendito, el estudio igual.

"La vida es hermosa cuando la sabes manejar, administrar y no dejarte llevar por los malos caminos".

Paz

Cuando inician las estúpidas Guerras Mundiales, no se dan cuenta que están matando al planeta Tierra, con sus bombas nucleares y sus tanques destructivos. Qué vergüenza y que infame sociedad, que asesina con armas de fuego a todas las personas que caminan por los escombros de la oscura guerra.

El mal se apodera del mundo entero con sus abominables alas de fuego, con el fin de acabar a todos los seres vivos que habitan en este divino planeta, que gritan y lloran por las ingenuas acciones de los soldados.

"No hay porque temer ni morir en la desesperación, porque la paz destruirá a la criatura infernal, para regresar la luz a la humanidad".

Poesía de la vida

Ay vida mía, ¿por qué dueles tanto?
Ay vida de tortura, ¿por qué me haces sufrir mucho?
Ay vida, ¿por qué me pones tantos obstáculos?
Ay vida y destino, ¿por qué regalas dichas y amarguras?

Ay, ay, ay, vida mía,
¿por qué muestras dos senderos distintos?
Como el camino del bien y el camino del mal.

Poesía de la vida.

Por debajo de la mesa

Suavemente beso tu rodilla por debajo de la mesa,
acaricio tus piernas de terciopelo con mis manos de amor,
tú sientes mí esencia en tu piel delicada,
en la intensa pasión de los amantes prohibidos.

Seductor, amante del amor,
seductor de mujer,
conquistador de miel,
fruta prohibida eres tú.

Ocultándome debajo del mantel
estoy esperando tu desnudez,
amando silenciosamente tu delicado cuerpo,
que explota en llamas de fuego,
cuando te toco lentamente sin detenerme.

Seductor, amante del amor,
seductor de mujer,
conquistador de miel,
fruta prohibida eres tú.

Mi adversario regresa a la mesa donde te encuentras tú,
sonríe al verte y no sospecha mi presencia
por debajo de la mesa.

Tú princesa de reinos le regresas la sonrisa
y actúas como si no pasara nada extraño.

Seductor, amante del amor,
seductor de mujer,
conquistador de miel,
fruta prohibida eres tú.

Él se sienta muy cerca de ti,
toma tu mano izquierda y la besa sin parar,
tú lo miras fijamente sin decir ni una palabra.

Mi rival es tu cónyuge de tu altar,
que juraste ser fiel ante los testigos que observaron,
es el dueño de tu corazón.

Seductor, amante del amor,
seductor de mujer,
conquistador de miel,
fruta prohibida eres tú.

Yo el amante seductor que se oculta en las tinieblas,
sólo significo para ti una tercera parte de tu amor.

El cazador de corazones prohibidos,
sufre mucho debajo de tus piernas,
se siente frustrado e impotente,
cuando él te conquista con su pasión.

Por debajo de la mesa.

Queremos ver

Caminamos por un valle verde,
con árboles preciosos, un cielo azul,
en una mañana esplendorosa.
Eso es lo que queremos ver.

Caminamos por un desierto,
sin que el sol nos queme,
sin que nos ahogue de cansancio
al correr en sus dunas.
Eso es lo que queremos ver.

Paseamos por las ciudades con precaución,
por temor a las "hienas"
que aniquilan y raptan a diversas aves,
que viajan por diversos lados,
sólo tenemos que enfrentarlas con látigos y piedras,
a las que quieran hacernos daño.
Eso es lo que queremos ver.

Imaginamos un mundo donde todo es felicidad,
donde no haya bardas de acero,
que nos límite la voluntad de convivir
con otras razas de personas.
Eso es lo que queremos ver.

Quimera

Salió a las calles a laborar a ganarse la vida. Vendiendo el fruto sobre unas rúas para tener unos cuantos billetes. En seguida un sujeto se acercó hacia la trabajadora para preguntarle cuanto costaba el servicio sexual, y ella le respondió. – Son quinientos dólares. – Y el individuo se puso a pensar un momento, antes de aceptar el trato. – Está bien, acepto. –Decía el hombre con una sonrisa.

El servicio de erotismo estaba contratado y la pasión se desataría en una cómoda habitación. Descargando la energía sobre una mujer, que laboraba para poder llevar la comida al hogar.

En seguida sin perder más tiempo…

Ya se encontraban en una posada muy elegante, con el fin de experimentar el placer carnal, posteriormente dejaron a un lado el pudor social, para comenzar a desintegrar las prendas que tenían puestas. La chispa de la planta nuclear dio comienzo inmediato sin parar. Las pupilas se alineaban, menos los besos. Las caricias de las extremidades sólo duraban por un tiempo limitado.

Al terminar la sesión erótica…

Los relámpagos aparecieron al concluir el experimento humano, la candente lava se extinguió por completo. La fría realidad despertó de un soneto. El sujeto se levantó de su lecho y tomó de su cartera unos billetes de color verde, con el valor suficiente que habían acordado. Los dejó en la sabana de la cama y se fue de la estancia.

La mujer contempla los billetes que ha laborado y los guarda en su bolso de Quimera. Sale del aposento con la mirada cansada para repetir la usanza.

Fin.

Reloj

Empieza a caminar el reloj, una milésima de segundo, un minuto y una hora. Son las doce del día, una de la tarde, dos de la tarde y así sucesivamente camina sin parar el dador del tiempo. Sin que nadie lo detenga. Es cómo un reloj de arena que está al revés, es cómo un fósforo que al prenderlo se va consumiendo poco a poco hasta que se queda quemado. Es la última lágrima que se derrama a un ser querido, es la vida que se esfuma cuando se termina el tiempo de vida en la Tierra.

El respetable reloj tiene como límite veinticuatro horas, da igual a un día entero; día a día, noche tras noche. El señor del tiempo es una deidad que nadie puede destruir.

Reloj.

Retiro espiritual

Abro los ojos lentamente y veo una luz que me lastima la mirada, observo unas paredes despintadas, y un techo agrietado por el tiempo. Respiro un olor a polvo asfixiante, con muchos mosquitos volando, aquí en la separación temporal de la sociedad.

"Retiro espiritual" como le llaman las personas, un lugar bastante desolado, que sirve para reflexionar lo que se vive y se piensa, para liberar la mente de los problemas cotidianos.

Abriendo las puertas del alma, masticando recuerdos ingratos e infelices. Vomitando frases inusuales, perturbante vida. Imaginando delfines en cautiverio, lagunas que se derraman en ojos olvidados, cayendo como una oveja en un vacío, ¡¡oh vacio!! Que se derrite como un volcán en explosión... Y así los misterios ocultos en el cerebro se desnudan, las aves se elevan y se refugian entre los árboles siniestros.

Únicamente quiero desahogarme en este espacio privado con el objeto de purificarme el corazón, para regresar a mi vida rutinaria.

Reflexión.

(El retiro espiritual debe ser humilde, para liberarnos de la esclavitud del dinero y de los problemas internos).

Sangre y sacrificios de una raza sádica

Mírame soy un guerrero, que da su vida por las piedras sagradas, y mi sangre se derrama para la ofrenda de los dioses. En el templo de las deidades los sacrificios son entregados, para los visitantes de rostros reptilianos. Las luces blancas del cielo son gigantes, los códigos antiguos permanecen en piedras, el corazón humano se destroza como veneración a los dioses del espacio. Las vísceras de los cuerpos son las ofrendas, la sangre el tributo a los viajeros, la raza antigua escribe las profecías, "en unos objetos redondos la humanidad será liberada". Las tinieblas se unen al sacrificio humano, porque la sangre es la salvación de los antiguos. Hay distintas especies monstruosas que viajan a millones de años luz hacia la Tierra, con el fin de recibir las sagradas devociones de los humanos adoradores.

El convenio que se tiene con aquellos seres del infinito es dar la carne fresca a cambio de que no destruyan la vida planetaria. Los dioses al saber esa petición de los guerreros aceptan el trato de no oscurecer. Las enigmáticas luces del cielo desaparecen y regresan cada tres meses para obtener la ofrenda de muerte de los humanos ancestrales.

(Basado en los sacrificios aztecas y en los dioses).

Sediento de sangre

Una noche más,
una sombra en los senderos,
sentimiento expresado en las conquistas.

Hambriento de sangre es mi instinto natural,
espectro que no refleja nada, espejismo sin vida.

Sediento de sangre, morder con dientes afilados,
muerto en el día, vivo por las noches.

Sediento de sangre.

Ser

Ser un humano
es ser una especie.
Ser una chispa
es ser apasionado.

Tesoro

He buscado en el mundo un tesoro, el más valioso de todos los tiempos, ese tesoro se encuentra en tu amor.

Todo tal como es

Las construcciones de las casas es una labor muy cansada para los albañiles, porque se esfuerzan demasiado con sus manos para hacer diferentes hogares. Todo tal como es.

La oscuridad es tristeza. Todo tal como es.

La indiferencia es el peor castigo. Todo tal como es.

El bullying es lo más abominable. Todo tal como es… La vida ahoga pero no mata.

El baúl es una caja de madera, ya que guarda las fotografías más antiguas de nuestras vivencias. Todo tal como es.

El primer amor que tuvimos en la vida, lo recordamos para siempre. Todo tal como es.

La vida se marchita como una flor. Todo tal como es.

El dinero que gano no me alcanza. Todo tal como es… La vida es cruel cuando eres pobre.

Todo termina

Sigue cayendo la lluvia ácida sobre las veredas, el día es gris y fúnebre por las semanas, no hay pájaros jubilosos en los árboles distantes, por las inmensidades de los vientos. Todo termina cuando la vida así lo quiere, como el ataúd de un muerto que va cayendo hacia una fosa sin salida, mostrando una triste agonía. Los familiares más cercanos, lloran y gritan al recién fallecido, porque jamás lo volverán a ver.

Todo termina.

Tú eres hermosa

No puedo dejar de admirar tus ojos azules,
tus labios rojos y tu pelo negro,
que me ha conquistado perdidamente,
mi corazón de fuego.

No sé porque me has hechizado tanto,
al escuchar tu acento de voz,
que me ha hecho enloquecer mucho al estar a tu lado.

Ay amor como me gustas,
ay amor te amo con todas mis venas,
ay amor tú eres hermosa,
ay diosa del amor llévame a tus reinos,
para que me conviertas en un corazón de miel.

Tú eres hermosa.

Tú

Tú eres muy hermosa,
tú eres un ave libre,
tú eres un palacio inmenso,
tú eres el alma de la vida.

Tu belleza destruye demonios,
los purifica y los convierte
en seres de paz.

Tu amor es la fuerza del universo,
tu pasión la bondad inmaculada,
tu sentimiento está reflejado en las pinturas,
que he pintado con arte y dedicación.

Tú.

Un pedazo de alma para ti

¿Quieres tener un buen sueño?
Es ver la fuente de la esperanza
que habita en nuestra ilusión mental.

¿Quieres ver una sonrisa?
Es sentir una verdadera luz en tu vida,
al besar intensamente.

¿Quieres tener un mundo feliz?
Es ser honesto y respetuoso
con la fauna del mundo.

Un pedazo de alma para ti,
un pedazo de alma para ti.

Enséñame a ver que nada es extraño
en esta dimensión desconocida,
enséñame a sentir la vanidad de la vida,
enséñame a navegar por todos los océanos,
para que nade en las mareas intensas.

Un pedazo de alma para ti,
un pedazo de alma para ti.

El amor no se acaba ni se marchita,
mientras te bese con mi boca,
aunque mis pedazos de mi alma las una
como un rompecabezas para ti.

Una gata triste en una guitarra

Recuerdo aquella noche en el cual peleaba con mis padres, gritaba como aquel jovencito rebelde sin causa. Mi madre lloraba de mi mal comportamiento, y mi padre le hablaba y le hablaba a mi negro corazón. –Hijo no sigas por ese mal camino, ¡sólo te destruirá más de lo que estas!, beber alcohol, tomar drogas no te hace más hombre ni más miserable. Solamente la vida te enseñará a cambiar y a valorar lo que tú tienes, aunque tú no lo veas–. Por favor recapacita y escucha lo que te digo. La vida es hermosa y es una fortuna tenerla. Seguía mi padre hablándome a mí de hombre a hombre, sin embargo yo no le hacía caso de nada. Nada absolutamente me importaba.

Semanas, meses, hasta años sin escuchar los buenos consejos de mis padres, ya que mi infame y oscura rebeldía, me seguía hundiendo en el alcohol, en las drogas, y hasta en la prostitución.

Un día sin pensarlo…

Al llegar a mi casa todo ebrio, drogado, hundido en lo peor. Vi tirados a mis padres sobre una alfombra, lamentablemente ya estaban muertos. Rápidamente me arrodillé hacia ellos con lágrimas en las pupilas, suplicándole a Dios que me devolviera a los seres que me dieron la vida. Recordaba los consejos que me decían, y la atención que no veía. ¡Por la venda que tenía en los ojos! ¡Por la "estúpida vida juvenil" que me tenía encerrado en un calabozo de sufrimientos!

Después de contemplar a mis queridos padres sobre el suelo, miré con atención a mi madre, porque tenía en su palma de su mano una carta, y la tomé de inmediato para ver su contenido.

El texto que estaba leyendo decía unas breves palabras, escrita por mi padre y mi madre.

Hijo te amamos:

Esta muerte de nosotros te servirá de reflexión. (De recapacitar, de cambiar).Tal vez te preguntes porque lo hicimos, si tu vida es tuya y la puedes manejar a tu antojo, no es así hijo. Lo hicimos, para que el día de mañana cuando seas padre y hayas cambiado. Tengas la paciencia de educar, poner más atención a tus hijos, amarlos y escucharlos en su soledad.

Tal vez tu vida sería diferente, si nosotros tus padres te hubiéramos puesto más atención a ti. Nuestra muerte es el dolor de nuestra alma por no escuchar la soledad de nuestro hijo.

Posdata: Cambia tu vida por favor.

Al terminar de leer la carta, exploté en llanto sobre sus fríos cuerpos y los abrasé sobre mi pecho. Y juré ante mis padres muertos que dejaría para siempre las adicciones que me ahogaban.

***

Pasaron algunos años y aquel jovencito inmaduro se convirtió en un hombre sin vicios. Tocaba con una guitarra acústica de madera e interpretaba unas canciones tristes en un bar de media noche, con nostálgicas letras y cuerdas sensibles. Había un público fiel que me seguía y me aplaudía siempre cuando terminaba mi canto sentimental. Sus elogios y sus aplausos a veces me hacían sentir feliz, pero no del todo me llenaban mi corazón, porque aun seguía recordando melancólicamente a mis queridos padres que habían muerto por mí.

Mi tristeza que tengo en el alma es como una gata triste en una guitarra.

Fin.